Jonas A. Hamm

Trans* und Sex

Die Reihe »Angewandte Sexualwissenschaft« sucht den Dialog: Sie ist interdisziplinär angelegt und zielt insbesondere auf die Verbindung von Theorie und Praxis. Vertreter_innen aus wissenschaftlichen Institutionen und aus Praxisprojekten wie Beratungsstellen und Selbstorganisationen kommen auf Augenhöhe miteinander ins Gespräch. Auf diese Weise sollen die bisher oft langwierigen Transferprozesse verringert werden, durch die praktische Erfahrungen erst spät in wissenschaftlichen Institutionen Eingang finden. Gleichzeitig kann die Wissenschaft so zur Fundierung und Kontextualisierung neuer Konzepte beitragen.

Der Reihe liegt ein positives Verständnis von Sexualität zugrunde. Der Fokus liegt auf der Frage, wie ein selbstbestimmter und wertschätzender Umgang mit Geschlecht und Sexualität in der Gesellschaft gefördert werden kann. Sexualität wird dabei in ihrer Eingebundenheit in gesellschaftliche Zusammenhänge betrachtet: In der modernen bürgerlichen Gesellschaft ist sie ein Lebensbereich, in dem sich Geschlechter-, Klassen- und rassistische Verhältnisse sowie weltanschauliche Vorgaben – oft konflikthaft – verschränken. Zugleich erfolgen hier Aushandlungen über die offene und Vielfalt akzeptierende Fortentwicklung der Gesellschaft.

BAND 26
ANGEWANDTE SEXUALWISSENSCHAFT
Herausgegeben von Ulrike Busch, Harald Stumpe,
Heinz-Jürgen Voß und Konrad Weller
Institut für Angewandte Sexualwissenschaft
an der Hochschule Merseburg

Jonas A. Hamm

Trans* und Sex

Gelingende Sexualität zwischen Selbstannahme, Normüberwindung und Kongruenzerleben

Mit einem Geleitwort von Annette Güldenring

Psychosozial-Verlag

Bibliografische Information der Deutschen Nationalbibliothek
Die Deutsche Nationalbibliothek verzeichnet diese Publikation in der Deutschen Nationalbibliografie; detaillierte bibliografische Daten sind im Internet über http://dnb.d-nb.de abrufbar.

Originalausgabe

E-Mail: info@psychosozial-verlag.de
www.psychosozial-verlag.de

Umschlagabbildung: Stefanie Grübl, *Vielfältige Genitalmodelle*,
© Stefanie Grübl
Umschlaggestaltung & Innenlayout nach Entwürfen von Hanspeter Ludwig, Wetzlar
Satz: metiTec-Software, me-ti GmbH, Berlin, www.me-ti.de
ISBN 978-3-8379-3008-5 (Print)
ISBN 978-3-8379-7707-3 (E-Book-PDF)
ISSN 2367-2420

Inhalt

In Gedenken an Dr. Josch Hoenes, der mit klugen Fragen und Ratschlägen zwischen Kletterhalle und Kneipe viel zu diesem Buch beigetragen hat und seine Veröffentlichung leider nicht mehr miterleben kann. Ich werde Dich nie vergessen.

Danksagung

Mein größter Dank gebührt natürlich den Teilnehmer_innen dieser Studie: Danke Moritz, Benny, Mr. B, Eva, Lucia und Julia. Danke für euer Vertrauen, eure Zeit und dafür, dass ihr eure persönlichen und intimen Geschichten mit mir geteilt habt. Besonderer Dank geht an meinen Probeinterviewpartner für zusätzliche Reflexionsgespräche und Feedback zur Methodik aus Teilnehmer_innenperspektive. Danke auch an Alexander Hahne, Sascha Rewald und Franziska Wolff für den fachlichen Austausch und an Noemi Goszyk, Kerstin Schopp und Jo Koppe für die Unterstützung auf den letzten Metern der ursprünglichen Arbeit. Vielen Dank auch an Dr. Timo Nieder vom Universitätsklinikum Hamburg Eppendorf und Prof. Dr. Konrad Weller von der Hochschule Merseburg für die intensive und engagierte Betreuung der Studie. Und natürlich danke an Prof. Dr. Heinz-Jürgen Voß von der Hochschule Merseburg sowie Jessica Vogt und Jana Motzet vom Psychosozial-Verlag für die Betreuung der Veröffentlichung. Ohne Sie und euch wäre dieses Buch nicht möglich gewesen. Last, but not least, möchte ich mich auch herzlich bei Stefanie Grübl von Vielma für die freundliche Bereitstellung des Coverfotos bedanken. Danke, dass du dich für dieses Projekt begeistern konntest und sofort bereit warst, es mit deiner Bild- und Handwerkskunst zu unterstützen.

Geleitwort

> »Man müsste das Talent und die Freiheit besitzen, sein Geschlecht zu erfinden, die Kategorien abzuschaffen: Mann, Frau, Transvestit … Man müsste …, ich meine, man muss, denn all das sollte schon lang Gebot sein.«
>
> *(Delarue, 1980, S. 151)*

Nach der Lektüre des Manuskriptes von Jonas Hamm wurde ich sehr nachdenklich. Meine Gedanken tasteten meinen eigenen trans* Lebenshintergrund ab, den ich bis in das Jahr 1961 zurückverfolgen kann. Mich berühren darin meine Erinnerungen an Lebensläufe unzähliger trans* Menschen mit ihrer Kraft und ihrem unermüdlichen Streben, außerhalb normativer Lebensmuster nach dem auf die Suche zu gehen, nach dem sie sich sehnen: sich gegen einen übermächtigen heteronormativen Normenkodex zu stemmen und in den eigenen Lebensräumen entfalten, was sie begehren und als erfüllend, befriedigend, emotional sättigend und sexuell lustvoll empfinden. – für sich selbst, so wie sie sind, so wie ihre Körper sind.

Die Suche nach kongruenten Begegnungen der Liebe ist für alle Menschen eine große Aufgabe. Vielleicht ist es manchen trans* Personen ingeniös gegeben, die Ergründung ihrer ureigensten Liebe unermüdlich zu gehen, angetrieben von einer großen Sehnsucht nach emanzipierter Teilhabe und der korrespondierenden Not, ausgegrenzt zu sein und den Mangel des Nichtteilhabens so schmerzlich spüren zu müssen. Gleichzeitig ist diese Not Ausgangspunkt, von dem aus trans* Menschen mit ihren wunderbaren Körpern kreativ werden können. Eine gute Lösung ist, die Erziehung, die auf sich fremd anfühlende Sexualitäten und Geschlechtszuweisung abzielt, hinter sich zu lassen und zu erforschen, was die Welt der Sexualitäten darüber hinaus hergeben kann. Dies ist, wie wir im vorliegenden Buch von Jonas Hamm sehen werden, ein »Lernprozess« – anstrengend, aber lohnenswert. Verinnerlichen wir uns den Satz von Tyler: »Es gibt so viele Geschlechter wie Geschlechtsakte« (Tyler, 1969, S. 265).

Über Sexualitäten zu denken, zu reden und zu schreiben ist schwer. Denn Erotik und Sinnlichkeiten bedürfen keiner Worte. Geschlechtliche Identitäten und Sexualitäten sind zunächst nur Fühlen, wortlos aber hautnah: Fühlen in einem einzigartigen Geschlechtskörper mit Begierden und Wünschen nach sich selbst oder nach anderen, auf jeden Fall nach einem einzigartigen Moment sich aufbäumender Lebendigkeit, für den sich die Körper verzehren und in dem sie sich verlieren möchten, ohne jemals wieder zurückkehren zu können. Kein Liebesakt ist wiederholbar.

Bereits im Nachdenken über die eigenen Sexualitäten aber findet eine Distanzierung vom sexuellen Fühlen statt, zumal Fühlen flüchtig und im Moment des Nachdenkens schon wieder verblasst ist. Noch stärker aber ist diese Distanzierung dann, wenn über sexuelles Fühlen gesprochen wird. Auf dem Weg vom Fühlen zum Sprechen kommt es zu einer Rationalisierung des Emotionalen, die immer mit Verfälschungen verbunden ist und dem Fühlen niemals gerecht werden kann. So fordert Sprechen über Sexualitäten eine kunstvolle Handhabe der Worte, die behutsam ausgesucht werden müssen. Wenn sie nicht richtig gewählt sind, können sie Verheerendes anrichten, sehr verletzend, manchmal vernichtend sein. Jonas Hamm gelingt diese Übersetzung zwischen Gefühltem und Sprechen beeindruckend gut. Grundlage seiner Studie ist es, unter »höchste[n] ethische[n] Ansprüche[n]« (S. 50) zu arbeiten: trans*-sensibel, zuhörend, wertschätzend und – vor allen Dingen – jede Form von Verletzung vermeidend.

Die Voraussetzung für diese Grundhaltung erwächst aus seinem Erfahrungsschatz als trans* Berater in Berlin und seiner eigenen trans* Innenperspektive, die er sorgfältig und langjährig reflektiert.

Den Ausschlag für das Thema dieser Studie gab ihm zunächst die Auseinandersetzung als trans* Person mit Sexualitäten innerhalb der eigenen Community. Jonas Hamm stellte fest, dass persönliche Berichte von trans* Personen über ihr Körpererleben, insbesondere ihr sexuelles, nicht annähernd dem entsprachen, was dazu im wissenschaftlichen und öffentlichen Diskurs kommuniziert wurde. Zu der brisanten Frage sexuellen Erlebens bei denen, die keine genitalangleichende Operation an sich hatten vornehmen lassen, fand er keine Untersuchung, die sich spezifisch mit dieser Gruppe von Menschen beschäftigt hatte. Seine persönliche Auseinandersetzung mit diesem Missstand – so weiß ich aus Gesprächen mit Jonas Hamm – beschäftigte ihn intensiv und anhaltend. Dementsprechend entschied er sich, seine Masterarbeit zu der Frage zu schreiben, wie »trans* Personen, die ohne Genitalangleichung mit ihrem Körper und ihrer Sexualität zufrieden sind« (S. 19), zu diesem Punkt gelangt sind und wie sie ihre Sexualität individuell gestalten.

Vor dem Hintergrund einer Medizinhistorie, die sowohl im wissenschaftlichen als auch im therapeutischen Umgang mit trans* Menschen wenig rühmlich ist, herrscht in der trans* Community seit mindestens zehn Jahren eine Stimmung des Aufbruchs und der Veränderung. Das Konzept dieses Buches erwächst aus einer intensiven Reflexion fataler Fehler der Medizin und Psychologie in der Trans*-Gesundheitsversorgung. So war Jonas Hamm klar, dass seine Studie zu Trans*-Sexualitäten nur gelingen kann, wenn den Teilnehmer_innen ein Höchstmaß an trans*-positiver Haltung mit Verständnis und Sensibilität – und zwar authentisch – entgegengebracht wird.

Das Studiendesign ist für mich in dieser Form Pionierarbeit, öffnet einen Maßstab, an dem sich zukünftige Forschungsprojekte messen und gegebenenfalls defizitfokussierte Forschung kritisch hinterfragen müssen. Jonas Hamm ist Forscher und Teil der Community in einer Person und damit in der Position, den Gesprächen einen non-binären Raum zu bieten, in dem keine heteronormativen Zwänge zu erwarten sind. Inhaltlich entwickelt er eine qualitative Interviewstudie, in der er den Anspruch einer partizipativen Forschung über die Dauer der Untersuchung filigran erfüllt. Partizipative Forschung hat für ihn das Ziel, »trans* Personen die Kontrolle über die Wissensproduktion zu überlassen oder sie zumindest demokratisch am Produktionsprozess zu beteiligen« (S. 50). Um die Tradition einer auf Defizite gerichteten Wissenschaft zu überwinden, entwirft er sein Fragenmaterial gezielt ressourcenorientiert und legt damit seinen Fokus auf die »gelingenden Aspekte« von trans* Sexualitäten – ein Novum – und diese Bezeichnung müssen Sie bitte zweimal lesen und sich auf der Zunge zergehen lassen. Trans* Existenzen haben »gelingende« Inhalte und wie Jonas Hamm zeigt, ist es möglich diese wahrzunehmen, sobald wir bereit sind, uns von Vorurteilen zu lösen – ganz unabhängig von meiner Hoffnung, dass die Botschaften von Jonas Hamm verschärft darüber nachdenken lassen, welchen Stellenwert die schneidende Medizin auf lange Sicht in der Gesundheitsversorgung von trans* Personen haben wird.

Ich freue mich, wenn dieses Buch Ihnen als Leser_innen viele Momente des Innehaltens und Nachdenkens über Geschlechter und Sexualitäten beschert, Sie vielleicht sogar animiert, Ihr eigenes Liebesfeld unter die Lupe zu nehmen. Denn die Botschaften, die in dem Buch von Jonas Hamm zu entdecken sind, dürfen gerne über trans* Erlebenswelten hinausgedacht werden.

Ich wünsche mir, dass bei Ihnen während der Lektüre dieser Schrift eine kritische Reflexion dahingehend ausgelöst wird, ob Sie möglicherweise Irritation gegenüber dem Thema Trans* bei sich selbst identifizieren und aufgeben können. Trans* Körperlichkeiten sind lebendig, schön und in ihnen sind erotische Schätze verborgen. Falls Sie therapeutisch oder beraterisch arbeiten, kann ihnen das Buch wichtige Impulse geben, mit trans* Menschen entwicklungsfördernd zu arbeiten. Das betrifft trans* Sexualitäten und alles andere, was das Leben hergibt. Ja, trans* Leben »gelingen«, egal welche Genitalien, Körperlichkeiten oder Sexualitäten – und Liebe gibt es überall.

Ich möchte mich bei Jonas Hamm für diese wichtige Arbeit von Herzen bedanken.

Annette Güldenring
(Fachärztin für Psychiatrie und Psychotherapie,
2. Vorsitzende der Deutschen Gesellschaft für Sexualforschung)

Literatur

Delarue, S. (1980). *Die Nackte und die Morgenröte.* München: Wilhelm Heyne Verlag.

Tyler, P. (1969). Männer, Frauen und die übrigen Geschlechter. In R.D. Brinkmann & R.R. Rygulla (Hrsg.), *Acid – Neue amerikanische Szene* (S. 250–265). Darmstadt: März.

I Einleitung

Was macht eigentlich für trans*[1] Personen guten Sex aus? Oder auch: Was ist überhaupt *Trans*-Sexualität*[2]? Was machen trans* Personen im Bett – und allen anderen Orten, an denen Sex stattfindet? Diese Fragen beschäftigen mich, als trans* Person und als Sexualwissenschaftler, schon länger. In beiden Funktionen habe ich mich intensiv mit Sexualität beschäftigt. Dabei fällt mir ein klaffender Widerspruch immer wieder ins Auge: Wissenschaft und Community scheinen über gänzlich verschiedene Dinge zu sprechen. Die trans* Personen, von denen *die Wissenschaft* im Allgemeinen spricht, sind nicht die trans* Personen, mit denen ich im Bett, auf Sexparties, Trans*-Tagungen und an Grillabenden über Sex spreche. Und die Fragen bzw. Daten, die mir in wissenschaftlichen Publikationen unterkommen, sind meist nicht diejenigen, die für mich und meine Community interessant – oder relevant – sind.

Tatsächlich fällt bei einer intensiven Literaturrecherche auf, dass *Trans*-Sexualität* über Jahrzehnte wissenschaftlich nur insoweit von Interesse war, als dass im Sexualverhalten ein Indikator, ein Hilfsmittel für die Diagnose von *Transsexualität* gesehen wurde oder aber ein Indikator für chirurgischen Erfolg nach genitalangleichenden Operationen. Die Beschäftigung mit dem

---

1 Zu den unterschiedlichen Begriffen und Schreibweisen rund um »trans*« siehe Kapitel II.

2 Begriffe, die neu eingeführt, als problematisch gekennzeichnet oder hervorgehoben werden sollen, sind kursiv gesetzt. Dies gilt insbesondere für Begriffe, die normalerweise in Anführungsstriche gesetzt würden, da Anführungsstriche hier nur für direkte Zitate verwendet werden.

Thema schien dabei einerseits fast schon obsessiv, ging andererseits allerdings mehrheitlich an den Bedürfnissen der Community vorbei. Das hat sich in den vergangenen Jahren zwar deutlich verbessert, Teile dieser Haltung wirken aber bis heute, insbesondere in der klinischen Sexualwissenschaft, als heteronormatives Bias fort (vgl. Davy & Steinbock, 2012; Doorduin & van Berlo, 2014; Pfeffer, 2014).

So besteht vielfach die Annahme fort, gelingende Sexualität bedeute für trans* Personen heterosexuellen, penil-vaginalen penetrativen Geschlechtsverkehr zu praktizieren, als (trans*) Mann in der penetrierenden, als (trans*) Frau in der aufnehmenden Rolle. Diese Annahme resultiert aus zwei komplexen, oftmals unhinterfragten und vermutlich unbewussten Hypothesen: erstens, trans* Personen würden ihr körperliches Geschlecht ablehnen und körperliches Geschlecht sei gleichzusetzen mit Genitalien; zweitens, dass Männer penetrieren und Frauen aufnehmen und es für trans* Personen wichtig sei, dieser Regel zu folgen. Daraus wird geschlussfolgert, dass es für trans* Personen unangenehm, ja sogar verletzend oder unmöglich sei, mit dem eigenen Penis zu penetrieren oder mit der eigenen Vagina aufzunehmen und dass Sexualität für trans* Personen umso besser sei, je mehr sie sich an die cis- (und hetero-)sexuelle Norm anpassen können. Dies trifft sicherlich für viele trans* Personen zu. Es entspricht jedoch weder meiner Erfahrung noch dem Diskurs, der innerhalb bestimmter Teile der Community geführt wird. Tatsächlich besteht in der Community-Literatur schon länger ein Diskurs darüber, wie trans* Personen geschlechtlich atypische Genitalien mit maximalem Genuss und Körpererleben für ihren sexuellen Lustgewinn einzusetzen vermögen (Bellwether, 2010; Geldermann et al., 2017; Mac, 2009, 2010).

Obgleich das Phänomen Transgeschlechtlichkeit seit der Entstehung der Sexualwissenschaft dort verhandelt wird, weiß die Sexualwissenschaft also erstaunlich wenig über die Sexualität – zumindest mancher – trans* Personen. Diese Lücke wird seit den 2010er Jahren durch community-nahe Forschung, insbesondere im Bereich der qualitativen empirischen Sozialforschung, langsam geschlossen (siehe Kap. III). So gibt es einige Autor_innen, welche die Vielfalt von Trans*-Sexualität beleuchten. Sie alle diskutieren dabei im Grunde auf verschiedene Weise immer wieder dieselbe Frage: *Wie machen die das? Wie schaffen es Menschen, die* im falschen Körper *sind, trotzdem Sex zu haben, auch wenn die Genitalangleichung (noch) nicht erfolgt ist?* Als Antwort haben die Autor_innen diverse Strategien ihrer Teilnehmer_innen herausgearbeitet, mit der Kluft zwischen der eigenen Körperlichkeit und den Erwartungen an einen Körper ihres Identitätsgeschlechts umzugehen. Für manche trans* Personen sind dies lediglich Überlebensstrategien bis zur erlösenden genitalangleichenden Operation. Andere sind mit sich, ihrem Körper und ihrer Sexualität vollständig zufrieden und streben auch keine Genitalangleichung an.

An dieser Stelle bestehen allerdings noch erhebliche Forschungslücken. So gab es bisher noch keine Studie, die untersucht, wie trans* Personen, die ohne Genitalangleichung mit ihrem Körper und ihrer Sexualität zufrieden sind, an diesen Punkt gekommen sind. Tatsächlich gab es bisher noch gar keine Studie, die sich explizit mit dieser Personengruppe beschäftigte – deshalb dieses Buch. Fragen, die mich interessierten und bis heute interessieren, sind: Wie kommt es, dass manche trans* Personen ihre gewachsenen Genitalien mit maximalem Genuss für die Sexualität einsetzen, ohne dass sie dies in ihrer Geschlechtsidentität im Mindesten verunsichern würde, während andere gar nicht an Sexualität zu denken wagen, bevor sie nicht eine operative Genitalangleichung haben vornehmen lassen? Welchen Entwicklungsprozess haben erstere durchlaufen, der ihnen diese Souveränität ermöglicht? Und was können wir von ihnen lernen?

Diese Studie trägt zur Schließung der vorhandenen Forschungslücken bei. Die Arbeit untersucht die gelebte Sexualität von trans* Personen, die keine Genitalangleichung anstreben und mit ihrer Sexualität zufrieden sind. Dabei wird auch hier ein Fokus auf Strategien gelegt, mit geschlechtsatypischen Körpermerkmalen in der Sexualität umzugehen, und außerdem erstmalig der sexuelle Entwicklungs- oder Lernprozess beleuchtet, mit dem sie ihren jetzigen Punkt erreicht haben. Übergeordnetes Ziel ist es, aus den Ergebnissen Impulse für die Beratungspraxis abzuleiten, die trans* Personen in ihrer sexuellen Weiterentwicklung unterstützen könnten.

Um Missverständnisse zu vermeiden, möchte ich an dieser Stelle betonen, dass es mir nicht darum geht, gegen Genitalangleichungen zu argumentieren oder asexuelle Lebensweisen abzuwerten. Jede trans* Person hat das Recht auf eine Genitalangleichung und jede Person hat das Recht, sich selbstbestimmt für ein Leben mit oder ohne Sexualität zu entscheiden. Operative Genitalangleichungen sind jedoch erhebliche und irreversible Eingriffe in den Körper, mit denen ein hohes Risiko von Komplikationen oder Sensitivitätsverlust einhergeht. Gleichzeitig werden sie immer noch oft unhinterfragt als selbstverständlich und notwendig für gelingende Sexualität vorausgesetzt. Diesem Narrativ will die vorliegende Studie etwas entgegensetzen und aufzeigen, wie Trans*-Sexualität *auch* sein kann.

Aus den oben genannten Punkten ergab sich folgende Fragestellung:

- Von welchen individuellen Konzepten gelingender Sexualität berichten trans* Personen, die keine operative Genitalangleichung anstreben?
- Welche Ressourcen ermöglichen es ihnen, den scheinbaren Widerspruch von Geschlechterrolle und Körperlichkeit zu überbrücken?
- Wie verstehen sie ihren eigenen Lernprozess dorthin?

Zur Beantwortung dieser Fragestellung wurde eine ressourcenorientierte, qualitative Interviewstudie mit partizipativen Elementen durchgeführt. Ressourcenorientiert bedeutet in diesem Fall, dass ein bewusster Fokus auf gelingende Aspekte gelegt wurde, da problemorientierte Forschung, die die Schwere und das Leid transgeschlechtlicher Menschen belegt, wahrlich zur Genüge besteht. Partizipativ sollte die Studie sein, weil zu oft schon *über* transgeschlechtliche Menschen geforscht wurde und dabei oft an ihren Lebensrealitäten und Bedarfen vorbei. Qualitative Interviews erschienen dabei als das Mittel der Wahl, denn schließlich ging es darum, sensible und intime Daten zu erheben, wofür die beste zur Verfügung stehende Datenquelle die Menschen sind, um deren Erleben es geht.

Auch handelt es sich damit um ein Forschungsdesign, bei dem ich meine besondere Position als Forscher und Teil der Community gewinnbringend einbringen konnte. Als trans* Person und Teil der Trans*-Community bringe ich ein erhebliches Vorwissen in diese Studie ein. Ich weiß, welche die relevanten Fragen sind. Ich genieße einen erleichterten Feldzugang und einen Vertrauensvorschuss in der Community. Durch meine Tätigkeit als psychosozialer Berater im Trans*-Bereich habe ich Routine darin, zügig eine tragfähige Arbeitsbeziehung zu anderen trans* Personen aufzubauen, die es ihnen ermöglicht, schnell mit mir auch über sehr persönliche, intime oder tabuisierte Themen zu sprechen. Diese Nähe zum Feld birgt allerdings auch Risiken und eine erhöhte Verantwortung. So ist es beispielsweise notwendig, regelmäßig zu reflektieren, ob und wann das eigene Vorwissen sich als Verzerrung auf Fragestellung, Gesprächsführung oder Interpretation der Daten auswirkt und welches Verhalten im Feld eigentlich ethisch vertretbar ist oder nicht.

Im Folgenden werden zunächst zentrale Begriffe bestimmt (Kap. II). Es folgt ein Überblick über den Forschungsstand mit Fokus auf empirischer Sozialforschung und Abstechern zu klinischer Forschung, Beratungsliteratur, theoretischen Arbeiten und Community-Literatur (Kap. III). Kapitel IV, »Die empirische Untersuchung«, liefert einen detaillierten Bericht über das Vorgehen, forschungsethische Überlegungen, Definition und Rekrutierung der Stichprobe, die Datenerhebung und die Auswertungsmethode inklusive des Designs der partizipativen Feedbackschleife. Im Anschluss werden die Ergebnisse der Studie entlang der drei Hauptkategorien zur *individuellen Sexualität*,

Strategien und Ressourcen und dem *sexuellen Lernprozess* vorgestellt (Kap. V), gefolgt von den Biografien der interviewten Personen (Kap. VI). In der Diskussion (Kap. VII) werden die Ergebnisse mit dem Forschungsstand abgeglichen und Überlegungen zu Limitationen und Generalisierbarkeit angestellt. Das letzte Kapitel (VIII), »Resümee und Ausblick«, fasst die wichtigsten Ergebnisse zusammen und endet mit Impulsen für die Beratungsarbeit.

II Begriffe

Transgeschlechtlichkeit wird je nach Hintergrundprofession und politischer Haltung als *Trans**, *Transsexualität*, *Transgender*, *Transidentität* oder als *Störung der Geschlechtsidentität/Transsexualismus* bezeichnet. Jedem dieser Begriffe liegen unterschiedliche Definitionen zugrunde und mit jeder Definition werden unterschiedliche Aspekte betont sowie verschiedene Gruppen von Menschen ein- oder ausgeschlossen. Auch wird in unterschiedlichen Graden Psychopathologie mit den Begriffen verknüpft. Diese Arbeit verwendet die nicht-pathologisierenden Sammelbegriffe *Trans** und *Transgeschlechtlichkeit*. Beide können von allen Personen in Anspruch genommen werden, die sich ihrem bei der Geburt deklarierten Geschlecht nicht (vollständig) zugehörig fühlen. Beide Begriffe wurden geprägt, um die Distinktion zwischen *transsexuell* und *transgender* zu überwinden und auf einen gemeinsamen Nenner zu bringen: die Überschreitung der scheinbar natürlichen Grenzen von Geschlecht. Bei *Trans** geschieht das über die Trunkierung, also das Sternchen, das die Endung ersetzt und nur den Wortstamm übrig lässt. Bei Transgeschlechtlichkeit geschieht das über den Begriff *Geschlecht*. Der deutsche Begriff *Geschlecht* unterscheidet nicht zwischen *Sex* und *Gender*. Die Distinktion zwischen *transsexuell* und *transgender* wird somit aufgehoben (Bauer, 2015, S. 4; Hoenes, 2014, S. 78–80).

Darüber hinaus orientiert sich diese Arbeit an der Sprachregelung des Bundesverbands Trans* (2016, S. 8). Dabei wird *trans** als Adjektiv verwendet, um Personen zu beschreiben, aber substantivisch, wenn es um Strukturen geht, in denen *Trans** das identitätsstiftende Element ist. Ein Beispiel: *trans* Frau*, aber *Trans*-Organisation*.

Trans Frau, trans* Mann*: Als *trans* Frau* wird eine Person bezeichnet, die bei Geburt männlich zugewiesen wurde und sich als Frau identifiziert. Umgekehrt bezeichnet der Begriff *trans* Mann* einen Mann, der bei Geburt weiblich zugewiesen wurde. Da dies für Menschen, die sich erstmals mit der Materie beschäftigen, immer wieder verwirrend ist, hier eine Merkregel: *Gehen Sie bei der Bezeichnung einer trans* Person immer vom Identitätsgeschlecht aus!* Alles andere würde den Persönlichkeitsrechten der Person zuwiderlaufen und wäre mehr als respektlos. Gleiches gilt für die sexuelle Orientierung: Ein *heterosexueller trans* Mann* ist ein trans* Mann, der sich zu Frauen hingezogen fühlt und eine *lesbische trans* Frau* ist eine Frau, die sich zu Frauen hingezogen fühlt.

Trans-Sexualität:* Dieser Begriff bezieht sich im Gegensatz zu *Transsexualität* auf die Sexualität von trans* Personen, nicht auf ihre geschlechtliche Identität.

Transition bezeichnet den Übergang von einer Geschlechtskategorie in eine andere. Eine Transition kann rechtliche, physisch-medizinische und soziale Aspekte haben.

Non-binär (auch: *nicht-binär*, *nichtbinär*, *nonbinary* oder *enby*) ist ein Begriff aus der Community, der sich in den letzten Jahren als Überbegriff für Menschen durchgesetzt hat, die sich selbst nicht im Zweigeschlechtersystem wiederfinden, sich also nicht (ausschließlich) als männlich oder weiblich definieren. Geschlechtliche Selbstverständnisse im non-binären Spektrum können vielfältig sein. Non-binäre Personen können sich zum Beispiel *zwischen* den beiden großen Geschlechtern verorten oder auch vollständig außerhalb der Zweigeschlechterordnung. Sie können sich als *eher trans*-maskulin/trans*-feminin* oder als *beides* oder *keines von beiden* verorten. Manche bezeichnen sich auch als *genderqueer* oder *agender*. Da Non-Binarität leicht mit Intergeschlechtlichkeit verwechselt wird, sei hier betont, dass Non-Binarität Geschlechts*identität* bezeichnet, unabhängig von körperlicher Geschlechtlichkeit. Früher wurde Non-Binarität durchgängig dem Trans*-Spektrum zugerechnet, inzwischen begreifen viele es auch als eigenständige Kategorie. Menschen, die beides betonen möchten, bezeichnen sich zum Beispiel als *non-binäre trans* Personen*.

Der Begriff *binär* hat sich in den vergangenen Jahren als Gegenstück zu *non-binär* etabliert und wird für (trans*) Personen verwendet, die sich ausschließlich dem männlichen oder weiblichen Geschlecht zugehörig fühlen. Damit ist der Begriff leider sowohl verwirrend als auch unlogisch, denn *binär* bezieht sich ja gerade auf *zweierlei*, was fälschlicherweise zu der Annahme führen kann, binäre Personen würden sich mit zwei Geschlechtern identifizieren. Nun ließe sich argumentieren, binäre trans* Personen würden nur zwei Geschlechter anerkennen und damit das binäre System der Zweigeschlechtlichkeit stützen. Diese Argumentation wäre sowohl unfair als auch unzutreffend, da viele binäre trans* Personen das System Zweigeschlechtlichkeit durchaus kritisieren – auch wenn sie sich einem der beiden großen Geschlechter zugehörig fühlen. Trotz dieser Kritik wird in dieser Studie, in Ermangelung besserer Alternativen, der Begriff *binär* verwendet.

Cis (auch *cisgender*, *cisgeschlechtlich* oder früher *zissexuell*) bezeichnet Personen, die weder trans* noch non-binär sind. Die meisten Menschen fallen in diese Kategorie.

Männlich und *weiblich*: Diese Begriffe haben in Trans*-Kontexten manchmal keine, oftmals ambivalente und gelegentlich widersprüchliche Bedeutungen. Einerseits werden geschlechtsspezifische Bedeutungen an allen nur erdenklichen Stellen dekonstruiert, andererseits werden sie auch erzeugt und bekräftigt. Für eine trans* Frau könnten ihre Brüste Beweis ihrer Weiblichkeit sein, während die Brüste einen trans* Mannes gegebenenfalls nichts über Weiblichkeit aussagen. Sind Brüste also *weiblich* oder *männlich*? Nein – und ja. Auch wenn ich mich aus einer queertheoretischen dekonstruktivistischen Perspektive auf den Standpunkt stellen könnte, dass *männlich* und *weiblich* leere Worthülsen ohne Bedeutung seien, kann ich diese Perspektive nicht einnehmen, wenn ich trans* Personen interviewe, die anderer Ansicht sind, und ich ihre Sprache, ihre Standpunkte verstehen möchte. Das ginge nicht mit einer offenen Interview- und Auswertungshaltung einher und würde damit das gesamte Forschungsprojekt unterminieren. Ich habe deshalb den folgenden Ansatz gewählt: Die Verwendung von *männlich* und *weiblich* erfolgt jeweils in dem Sinne, in dem ihn meine Interviewpartner_innen (oder zitierte Autor_innen) verwendet haben. In den meisten anderen Fällen wird meine kritische Distanz zu den Begriffen deutlich gemacht, entweder durch Relativierungen wie »sogenannte weibliche Eigenschaften« oder durch die Kursivierung.

Individuelle Sexualität: In der Forschungsfrage wurde der Begriff des *individuellen sexuellen Konzepts* verwendet. Dies war ein Arbeitsbegriff für die Zeit der Suche nach einem bereits bestehenden Konzept innerhalb der Sexualwissenschaft. Während der Auswertung und in den Fallzusammenfassungen der Teilnehmer_innen wurde dafür auch der Begriff *sexuelles Profil* verwendet. Mit dem individuellen sexuellen Konzept oder auch dem sexuellen Profil einer Person ist die Gesamtheit ihres sexuellen Verhaltens, Begehrens, Erlebens, ihrer Fantasie, ihrer Art mit sexuellen Gegenübern zu interagieren, ihrer persönlichen sexuellen Werte und, was alle diese Dinge für sie zum gegenwärtigen Zeitpunkt bedeuten, gemeint – kurz: ihre *individuelle Sexualität*.

Es ist mir leider nicht gelungen, innerhalb der bestehenden sexualwissenschaftlichen Literatur einen passenden Begriff dafür zu finden. Weder Sigusch (2013) noch Schmidt (2011) oder Simon und Gagnon (1986) stellen ein Konzept vor, das für meine Analyse geeignet wäre. Auch scheinen die gängigen sexualwissenschaftlichen Konzepte im Trans*-Bereich zu kurz zu greifen, da das Fundament, auf dem sie aufbauen, nämlich Geschlecht/Sexus plötzlich keine Gültigkeit mehr bzw. andere Bedeutungen hat. Was welche Handlung für die beteiligten Personen bedeutet, kann in einem Trans*-Kontext radikal anders sein als zwischen zwei cis Personen. In der trans*-spezifischen Sexualwissenschaft verwenden Doorduin und van Berlo (2014) den Begriff *seksuele beleving*, den sie mit *experience of sexuality* übersetzen, was ich wiederum mit *sexuellem Erleben* übersetzt habe. Auch wenn Doorduin und van Berlos Definition von *seksuele beleving* für die Zwecke dieser Forschung durchaus geeignet erschien – nämlich Sexualität im weiteren Sinne: sexuelles Verhalten, Gedanken, Gefühle, Deutungen, Identifizierung und weitere Konnotationen in Bezug auf Sexualität –, erschien mir doch der Aspekt der doppelten Übersetzung als problematisch und der Begriff an sich im Deutschen missverständlich. Auch Schilt und Windsors (2014) Begriff des *sexuellen Habitus* erschien mir nicht als umfassend und eindeutig.

Daher wird schlussendlich für diese Arbeit der Begriff der *individuellen Sexualität* verwendet, der jedoch als Hilfskonstruktion verstanden werden sollte. Innerhalb der Auswertung dieser Studie wurde der Begriff induktiv mit Inhalt gefüllt.

Sexuelles Lernen bzw. *sexuelle Entwicklung*: Diese Begriffe verwende ich synonym zueinander. Sie bezeichnen die sexuelle Weiterentwicklung einer Person im Laufe ihrer sexuellen Biografie. Während der Begriff des *Lernens* aus entwicklungspsychologischer Perspektive recht kopflastig erscheinen mag, kann aus einer systemischen oder sexualpädagogischen Perspektive (Stichwort lebenslanges Lernen) jede persönliche Weiterentwicklung auch als Lernprozess verstanden werden.

Kontakt: Dieser Begriff wird im psychosozialen Sinne verwendet. Er bezeichnet das Gefühl der (gegenseitigen) Verbindung zum Gegenüber. *Im Kontakt sein* bedeutet eine vertrauensvolle, von wechselseitiger empathischer Aufmerksamkeit getragene Verbindung im aktuellen Moment zu erleben. Das Konzept ist vergleichbar mit dem des *Rapports* in der Psychotherapie.

III Forschungsstand

Bei der Recherche des Forschungsstands zur Sexualität von trans* Personen traten zwei Phänomene prominent in den Vordergrund, die wenig zum Erkenntnisstand beitragen, deren Verständnis allerdings für diese Arbeit wichtig ist: die Verwechslung von *Transsexualität* und *Trans*-Sexualität* und die klinische Forschung zu beidem. Die folgenden Unterkapitel behandeln daher zunächst diese beiden Themen und legen im Anschluss den eigentlichen Forschungsstand in den Bereichen empirische Sozialforschung, theoretische Arbeiten und Community-Literatur dar. Das Kapitel endet mit einem Blick auf die (fehlende) Thematisierung von Sexualität in der bestehenden Literatur zu Trans*-Beratung.

1 Transsexualität versus Trans*-Sexualität

Das Thema *Trans*-Sexualität* wird schnell unsichtbar durch die Masse an Literatur zu *Transsexualität*. Denn viele Arbeiten, die dem Bereich Sexualität zugeordnet sind, befassen sich in Wirklichkeit mit Geschlecht(-sidentität). Dies lässt sich an folgendem Beispiel verdeutlichen: Ein vielversprechendes Resultat der initialen Katalogrecherche war eine Dissertation namens *Trans*-faire Sexualpädagogik unter Einbeziehung von Körper- und Leiblichkeit* (Duda-Merle, 2016). Der Titel lässt auf eine Publikation schließen, die wissenschaftlich fundiert körperorientierte empowernde Impulse für junge trans* Personen im Prozess der sexuellen Selbstwerdung bereithält. Der Text hat jedoch mit Sexualität rein gar nichts zu tun. Sexualpädagogik wird hier als *diversitätssensible Geschlechterpädagogik* gedacht. Der Text untersucht Kinder- und Jugendliteratur mit trans* Protagonist_innen darauf, ob sie geeignet ist, cisgeschlechtlichen Jugendlichen das Phänomen Trans* begreiflich zu machen. »Trans*-faire Sexualpädagogik« ist keine Pädagogik *für*, sondern *über* trans* Personen. Dass auch trans* Personen Sexualität und damit einen eigenen, ganz spezifischen Bedarf an Sexualpädagogik haben, wird hier noch nicht reflektiert. Denn es geht der Autorin nicht um die *Sexualität von trans* Personen*, sondern um *Trans* als Sexualität*. Dieses Beispiel ist kein Einzelfall, sondern symptomatisch. Hunderte von Publikationen, die das Phänomen Transgeschlechtlichkeit innerhalb der Sexualwissenschaft verorten und beschreiben, reduzieren trans* Personen zu Objekten der Sexualität. Oder, wie Davy und Steinbock (2012) es beschreiben: Trans*-Sexualität (»trans sexuality«) werde durch das medizinische Konstrukt von Transsexualität (»transsexuality«) entweder unsichtbar gemacht oder als Ausdruck von Hypersexualität konstruiert (Davy & Steinbock, 2012, S. 266). Im allgemeinen sexualwissenschaftlichen Diskurs haben trans* Personen keine Sexualität, *sie sind Sexualität*. Dieses cisnormative Miss-Verständnis erklärt die Leerstelle, weshalb es bis vor Kurzem in der Sexualwissenschaft kaum nennenswerte Literatur zur Sexualität von trans* Personen gab.

2 Klinische Literatur

In der klinischen Sexualwissenschaft finden sich zahlreiche Studien, die sich mit dem Sexualleben von trans* Personen beschäftigen. Für diese Arbeit konnten 18 Publikationen beschafft und gesichtet werden: Auer et al. (2014), AWMF (2018), Cerwenka et al. (2012), Cerwenka et al. (2014), Coan et al. (2005), Costantino et al. (2013), Cuypere et al. (2005), Happich (2006), Lawrence et al. (2005), Lawrence (2005), Lief & Hubschman (1993), Löwenberg et al. (2010), Nikkelen & Kreukels (2018),

Risser et al. (2005), Stübler & Becker-Hebly (2019), Veale et al. (2016), Wierckx et al. (2011, 2014). Sie haben in der Regel aber wenig Aussagekraft für die vorliegende Arbeit. Zum einen werden in klinischer Forschung in aller Regel quantitative Daten erhoben, die wenig qualitative Aussagen über das sexuelle Erleben zulassen. Zum anderen beschäftigen sich die Studien in der Regel entweder mit technischen Möglichkeiten von Geschlechtsverkehr nach genitalangleichenden Operationen oder mit Trans*-Sexualität als diagnostischem Differenzierungswerkzeug.

Daten zur Sexualität für Zwecke der Diagnostik zu erheben ist allerdings hoch problematisch. Denn die gelebte Sexualität sagt nichts über die Transgeschlechtlichkeit einer Person aus (vgl. Davy & Steinbock, 2012; Doorduin & van Berlo, 2014; Pfeffer, 2014). Die Daten sind also per se nicht valide. Trotzdem gibt es in der klinischen Sexualwissenschaft eine lange Tradition, Daten zur Sexualität abzufragen, um damit Rückschlüsse auf die Transgeschlechtlichkeit zu ziehen. Dass dies nicht nur fachlich falsch, sondern auch ethisch problematisch ist, wird inzwischen auch ansatzweise von klinischen Forscher_innen reflektiert (vgl. Cerwenka et al., 2014).

Hinzu kommt, dass klinische Daten in aller Regel vom *Trans*-Narrativ* verzerrt sind. Dieses Phänomen bedarf einer etwas ausführlicheren Erklärung. Das *Trans*-Narrativ* beschreiben Hamm und Sauer (2014) als eine Tradition innerhalb der Trans*-Community, die eigene biografische Erzählung zu glätten und an geschlechtliche Stereotypen anzupassen, um Diagnostiker_innen von der eigenen Geschlechtsidentität zu überzeugen. Bei Einsatz des *Trans*-Narrativs* würde eine trans* Frau in der Diagnostik zum Beispiel sogenannte *typisch weibliche* Eigenschaften hervorheben und gleichzeitig sogenannte *typisch männliche* Eigenschaften herunterspielen. Und andersherum: Ein trans* Mann würde gegebenenfalls betonen, wie gut er Autoreifen wechseln könne und dabei geflissentlich verschweigen, dass er leidenschaftlich gerne Socken strickt. Und non-binäre trans* Personen würden sich in der Regel als binär präsentieren und all jene Aspekte ihrer Geschlechtsidentität unter den Tisch fallen lassen, die nicht in eine binäre Erzählung passen. Kurz: Trans* Personen erzählen ihren Diagnostiker_innen die stereotypen Geschichten, die jene (vermeintlich) hören möchten, um sich von der Transgeschlechtlichkeit ihrer Gegenüber überzeugen zu lassen und die erforderliche Diagnose auszustellen. Das Trans*-Narrativ erweist sich dabei als Teufelskreis: Je öfter Diagnostiker_innen geschönte und stereotype Trans*-Geschichten erzählt bekommen, umso mehr erwarten sie diese stereotypen Geschichten auch zu hören und umso weniger sind sie offen für authentische Erzählungen. Dies wiederum führt dazu, dass auch die nächste Generation an trans* Personen stereotype Erzählungen über sich produziert und das *Trans*-Narrativ* weiterhin aufrechterhalten wird.

Insbesondere wenn klinische Daten zu Sexualität während des Diagnoseprozesses erhoben werden, wie zum Beispiel bei Cerwenka et al. (2014), besteht während der Forschung ein *Abhängigkeitsverhältnis* zwischen Studienteilnehmenden und Forschenden, das kaum drastisch genug beschrieben werden kann. Für die Teilnehmenden hängen ihr weiterer Lebensweg, die eigene Selbstverwirklichung und die Lebbarkeit ihrer geschlechtlichen Identität davon ab, dass sie die erforderliche Diagnose bekommen. Dabei schwingt die Sorge mit, dass sexuelles Handeln, das nicht dem *Trans*-Narrativ* entspricht, die Diagnose und damit die Selbstverwirklichung gefährden könnte. Die Machtposition der Diagnostiker_innen wird im englischen Diskurs *Gate-Keeper* genannt, im Deutschen auch wenig schmeichelhaft als *Türsteher* übersetzt (Hamm & Sauer, 2014, S. 16). Verständlicherweise fällt es Teilnehmenden unter diesen Umständen schwer, das Vertrauen zu entwickeln, das nötig ist, um offen über so intime und verletzliche Themen wie Sexualität zu sprechen. Dies gilt umso mehr, wenn die eigene Sexualität von den engen Vorgaben des *Trans*-Narrativs* abweicht.

Des Weiteren fällt bei klinischer Forschung oft ein heteronormatives Bias ins Auge. So fällt beispielsweise bei genauerer

Betrachtung der statistischen Daten von Happich (2006) auf, dass zwei schwule trans* Männer unter den Teilnehmer_innen der Studie gewesen sein müssen. Diese tauchen jedoch im Fließtext nicht auf – vielleicht weil schwule trans* Männer vor zehn Jahren noch nicht offen diskutiert wurden. Und bei Cerwenka et al. (2014) fällt auf, dass die vielfältigen sexuellen Orientierungen der Teilnehmenden – die in der Datenerhebung noch erfasst wurden – in der Auswertung auf zwei Gruppen reduziert werden: heterosexuelle und nicht-heterosexuelle.

Die normativen Tendenzen des Trans*-Narrativs schlagen sich auch in Zahlen nieder, nämlich in den Ergebnissen klinischer Studien. So fällt bei Cerwenka et al. (2014) auf, dass sich 80 Prozent der trans* Männer als heterosexuell positionieren, während community-nahe Erhebungen zu dem Ergebnis kommen, dass zwei Drittel aller trans* Männer als *TMSM* (trans* Männer, die Sex mit Männern haben) einzuordnen sind (Bauer et al., 2013; Schilt & Windsor, 2014, S. 738). Interessant ist hier die Arbeit von Kuper et al. (2012). Für diese Studie haben klinische Forscher_innen das klinische Setting verlassen und stattdessen in einem quantitativen Online-Survey (n = 292) trans* Personen zu Geschlechtsidentität und sexueller Orientierung befragt – mit vielfältigen Ergebnissen. Durchschnittlich gaben die Befragten 2,5 Geschlechtsidentitäten an, die häufigste dabei war »genderqueer«. Die häufigsten sexuellen Orientierungen waren »queer« und »pansexuell«, wobei »Heterosexualität« mit 14 Prozent erst an fünfter Stelle rangierte. Kuper et al. kritisieren den Kategorisierungswahn anderer klinischer Studien sowie das Bias, das entsteht, wenn Studienteilnehmer_innen in Gender-Kliniken rekrutiert werden. Hiermit würden qua Rekrutierungsstrategie nur solche trans* Personen erfasst, die geschlechtsangleichende Maßnahmen anstreben (ebd.).

Insgesamt kann deshalb davon ausgegangen werden, dass klinische Daten über die Sexualität von trans* Personen nur eingeschränkt zu verwenden und mit großer Skepsis zu betrachten sind.

3 Empirische Sozialforschung

In den vergangenen zehn Jahren sind im Bereich der empirischen Sozialforschung Publikationen mit einer großen Spannweite zu den Themen Trans* und Sexualität erschienen. Mehrere Studien beschäftigen sich allgemein mit sexueller Zufriedenheit von trans* Personen (Kruber, 2016) bzw. deren sexuellem Erleben (Doorduin & van Berlo, 2014), sexuellem Handeln (Williams et al., 2016) oder sexuellem Habitus (Schilt & Windsor, 2014). Einige Arbeiten legen den Fokus auf Paarbeziehungen (Platt & Bolland, 2017) oder die Partner_innen von trans* Personen (Brown, 2010; Platt & Bolland, 2017; Theron & Collier, 2013). Inzwischen gibt es auch erste Arbeiten, die sich explizit mit dem sexuellen Erleben homosexueller trans* Personen auseinandersetzen (Edelman & Zimman, 2014; Tree-McGrath et al., 2018), darunter auch Arbeiten, die schwule Trans*-Pornografie behandeln (Barriault, 2016; Edelman, 2015; Edelman & Zimman, 2014) sowie verschiedene Arbeiten zu Trans* im BDSM-Kontext und dazu, wie Geschlecht und Sexualität darin (neu) verhandelt werden (Bauer, 2014, 2015, 2016, 2018a, 2018b).

Zwei Hauptfragen ziehen sich durch die meisten dieser Studien hindurch: Wie schaffen es trans* Personen gelingende Sexualität zu leben und welche Strategien wenden sie an, um mit ihren, gegebenenfalls von der cisgeschlechtlichen Norm abweichenden, Körpern umzugehen?

Die Arbeiten von Kruber (2016) sowie von Doorduin und van Berlo (2014) sind der vorliegenden Arbeit hier wohl am ähnlichsten. In beiden Studien wurden qualitative Interviews mit acht bzw. zwölf trans* Personen zu ihrer sexuellen Zufriedenheit bzw. ihrem sexuellen Erleben[3] durchgeführt. Doorduin und van Berlo nehmen dabei kritischen Bezug auf bestehende klinische Literatur, die zwar oftmals oberflächlich Aspekte von sexuellem

3 Im Original wird »seksuele beleving« von den Autor_innen mit »experience of sexuality« übersetzt.

Erleben abfrage, dabei aber weniger am sexuellen Erleben selbst interessiert sei, sondern mehr daran, pathogene Faktoren für die Entstehung von Transgeschlechtlichkeit, diagnostische Differenzierungswerkzeuge sowie Geschlechternormen zu untersuchen (Doorduin & van Berlo, 2014, S. 654). Krubers und Doorduin und van Berlos Ergebnisse ähneln sich an vielen Stellen.

Kruber arbeitet mehrere Faktoren heraus, die zur sexuellen Zufriedenheit beitragen. So würden inkongruente Geschlechtsmerkmale als Hindernis für gelingende Sexualität erlebt. Würden diese Geschlechtsmerkmale allerdings kongruenter, dann könne dies den Zugang zur eigenen Sexualität erleichtern. Das Aneignen und Ausleben der Identitätsrolle stärke das Selbstbewusstsein und sei eine Voraussetzung für sexuelle Zufriedenheit. Für manche sei dies auch eine Voraussetzung dafür, dass sexuelle Kontakte überhaupt erstmals aufgenommen werden können. Auch könne ein gefestigtes Selbstbild die Bedeutung inkongruenter Körperteile verringern. Trotz allem produzierten erkennbare Trans*-Genitalien Erklärungszwang. Wichtigste Indikatoren für sexuelle Zufriedenheit seien jedoch das Vorhandensein einer Paarbeziehung, von den Partner_innen in der geschlechtlichen Selbstdefinition angenommen und unterstützt zu werden sowie insgesamt ein akzeptierendes und unterstützendes soziales Netzwerk. Da heteronormative Vorannahmen zu Sexualität außer Kraft gesetzt seien, sei außerdem gelingende Kommunikation eine wichtige Voraussetzung. Auch steigere es die sexuelle Zufriedenheit, wenn Sexualität unabhängig von geschlechtlichen Rollen praktiziert werden könne (Kruber, 2016, S. 57–73). Kruber kommt zu dem Schluss, dass sexuelle Zufriedenheit erlernbar sei. Dabei hebt Kruber Sexparties als ein hilfreiches Experimentierfeld hervor. Sexparties würden »den Kosmos des Sexuellen [...] komprimieren und präzisieren« (S. 70). Kruber extrahiert zwei Faktoren, zwei Lernfelder, die hier relevant seien: erstens die Exploration des eigenen sexuellen Erlebens (sexuelle Selbsterfahrung) und zweitens die Stärkung der sexuellen Kommunikationskompetenz (ebd.).

Doorduin und van Berlo (2014) kommen zu ähnlichen Ergebnissen wie Kruber. Sie arbeiten heraus, dass Empfindungen von Geschlechtsinkongruenz in sexuellen Situationen besonders präsent seien und sich negativ auf das sexuelle Erleben auswirkten. Manche trans* Personen empfänden dabei körperliche Aspekte problematischer, andere Aspekte von Geschlechtsrollenerwartung. Geschlechtsinkongruenz erschwere aber auch eine ganzheitliche sexuelle Entfaltung und die sexuelle Kommunikationsfähigkeit. Sie könne sowohl dazu führen, dass sexuelle Aktivitäten als ambivalent, also angenehm und unangenehm zugleich erfahren werden, als auch dazu, dass sexuelle Interaktionen nur distanziert, mechanisch und nicht ganzheitlich erlebt würden. Sie stellen fest, dass manche trans* Personen erst mit oder nach der Transition eine ganzheitliche Sexualität entwickeln können, weil erst dann der Raum für sie entstehe, in dem sie sich entfalten können. Die sexuelle Entwicklung werde quasi nach der Transition nachgeholt. Anderen trans* Personen gelinge diese Entwicklung auch vor der Transition sehr gut und für wieder andere seien ihre sexuellen Entwicklungsschritte ein Kompass, der sie erst zu ihrem inneren Trans*-Coming-out hinführe. Darüber hinaus berichten Doorduin und van Berlo ausführlich über die körperlichen Veränderungen, die ihre Teilnehmer_innen durch ihre jeweilige Transition erleben, und wie sich diese auf die Sexualität auswirken, zum Beispiel die erhöhte Libido bei Testosteroneinnahme oder die Veränderung des Orgasmuserlebens (ebd.).

Beide Arbeiten beschreiben spezifische Strategien, die trans* Personen anwenden, um mit inkongruenten Körperaspekten in der Sexualität umzugehen. Die Strategien ähneln sich und sind an vielen Stellen deckungsgleich. Beide beschreiben die Strategie einiger Teilnehmender, *nur mit solchen Partner_innen Sex zu haben, deren Blick ihre geschlechtliche Selbstverortung stärkt*, unabhängig von den körperlichen Gegebenheiten. Eine weitere Strategie ist *Differenzierung*, zum Beispiel die Unterscheidung zwischen »Körper, den ich nicht mag [und] Nacktsein, das ich mag« (Kruber, 2016, S. 59) sowie der Verzicht auf die geschlechtliche Interpretation von bestimmten Körperteilen oder Akten. Auch *Distanzierung* ist eine Strategie, zum Beispiel das bewusste Ausblenden von ungewünschten körperlichen Gegebenheiten oder auch eine sprachliche Distanzierung, zum Beispiel nicht »mein Penis«, sondern »das Ding« (ebd., S. 62). Doorduin und van Berlo beschreiben außerdem *Vermeidung* als Strategie: die Vermeidung von Sexualität insgesamt, die Vermeidung bestimmter sexueller Praktiken oder das Aussparen spezifischer Körperregionen, die nicht zur Geschlechtsidentität passen, oder auch die Konzentration auf den Körper des Gegenübers statt auf den eigenen. Sie schildern auch die *Neuinterpretation* und *Neubenennung* von Geschlechtsmerkmalen. Weiter beschreiben beide die Strategie, beim Sex die für die Teilnehmenden *passende Rolle* einzunehmen, was man auch als *Doing Gender* bezeichnen könnte. Als weitere Strategie benennen beide Autor_innen(teams) *Imagination*. Gemeint ist damit die Vorstellung eines zur Geschlechtsidentität passenden Körpers bzw. passender Geschlechtsmerkmale. So könnten zum Beispiel auch externe Gegenstände in das körperliche Selbstbild integriert werden (Doorduin & van Berlo, 2014, S. 660–661; Kruber, 2016, S. 56–69). Kruber arbeitet zum Thema Imagination zwei unterschiedliche Modi heraus: *Individuelle Imagination*, bei der die (cis) Partner_innen nichts von der Geschlechtsdysphorie ihres Gegenübers wissen, werde als Überlebensstrategie eingesetzt, um Sexualität überhaupt leben zu können, erschaffe dadurch aber mehr Distanz als Nähe. Bei *gemeinschaftlicher Imagination* hingegen nutzten beide Partner_innen gemeinsam ihre Vorstellungskraft, um für die trans* Person einen geschlechtlich kongruenten Körper zu konstruieren. Dies wirke verbindend und stärkend und trage damit zur sexuellen Zufriedenheit bei (Kruber, 2016, S. 69).

Die Texte haben jedoch auch problematische Aspekte. Zum Beispiel tendiert Kruber, obwohl sie keinen Anspruch auf Repräsentativität erhebt, dazu, die Ergebnisse ihrer Forschung zu verallgemeinern. So konstatiert Kruber, dass es für trans* Frauen unmöglich sei, ihren Penis in das geschlechtliche Selbstbild zu integrieren (Kruber, 2016, S. 62). Dem widersprechen verschiedene Arbeiten der Community-Literatur (Bellwether, 2010; Hill-Meyer & Scarborough, 2014). Zwar stellt Kruber für trans* Männer fest, dass nicht alle einen Penis benötigen, um sich in ihrer Geschlechtsidentität sicher zu fühlen, sie unterstellt jedoch, dass es sich hierbei lediglich um eine »pragmatische« Lösung in Ermangelung besserer Alternativen handle (Kruber, 2016, S. 63). Die Idee, dass trans* Männer mit ihren biologischen Genitalien glücklich sein könnten, erscheint nicht denkbar. Gegenbeispiele finden sich hier bei Edelman und Zimman (2014) sowie bei Schilt und Windsor (2014).

Auffällig an der Arbeit von Doorduin und van Berlo ist, dass nur zwei von fünf Teilnehmenden, die eine Genitalangleichung durchlaufen hatten, mit der Sensitivität und Funktionalität ihrer Neo-Genitalien vollständig zufrieden waren, während die anderen drei über medizinische Komplikationen berichteten (Doorduin & van Berlo, 2014, S. 662–663). Diese Ergebnisse sind zwar nicht repräsentativ, ihre Tendenz steht trotzdem in Kontrast zu klinischen Studien, die meist sehr viel höhere Zufriedenheitsraten ermitteln, in aller Regel dabei aber nicht ins Detail gehen (vgl. Happich, 2006; Löwenberg et al., 2010). Zuletzt berichten Doorduin und van Berlo von der Vielfältigkeit der sexuellen Orientierungen ihrer Teilnehmenden. Dies deckt sich mit den Ergebnissen von Kuper et al. (2012).

Im Bereich (Trans* und) BDSM gibt es eine Vielzahl an Publikationen von Robin Bauer (2014, 2015, 2016, 2018a, 2018b). Bauer hat 49 Interviews mit queeren Menschen aus der BDSM-Community durchgeführt, von denen sich ein erheblicher Teil als trans* oder genderqueer beschreibt. Hier wird exemplarisch der Artikel »Trans* Verkörperungen in queeren BDSM Praktiken« (2015) beleuchtet. Auch Bauer beschreibt, genau wie Kruber (2016) und Doorduin und van Berlo (2014), Embodiment-Strategien von trans* Personen wie das Umdeuten und die

Neubenennung von Körperteilen. Jedoch ist Bauer dabei konkreter. Er berichtet beispielsweise von einem trans*-genderqueeren Butch und seinem Lernprozess, sein Genital als »Jungsmöse« (»boycunt«) zu verstehen (Bauer, 2015, S. 8). Bauer beschreibt insbesondere zwei Strategien, die auf den ersten Blick konträr erscheinen: das Einverleiben externer Gegenstände in das eigene Selbstbild und das Ausblenden unerwünschter Körperteile, was er als *Agnosie* bezeichnet. Beides sind Strategien, die mit Veränderungen des Körperbildes arbeiten. Das Körperbild eines Menschen sei seine psychische Repräsentation, die gerade eben nicht mit der physischen Gegebenheit übereinstimmen müsse. Oft sei diese Differenz bei trans* Personen besonders ausgeprägt. Wenn das Körperbild bereits eine materielle Kraft habe, könne das ein Grund sein, keine physische Geschlechtsangleichung zu benötigen. Als Beispiel führt er trans*-maskuline Menschen an, die ihren Dildo als *ihren Schwanz* bezeichnen und empfinden. Der Dildo sei kein Ersatz für einen gewachsenen Penis, sondern legitimer Teil des Körpers: ein *Cybercock* (ebd., S. 8). Zudem könnten einige seiner Teilnehmer_innen auch ohne physische Repräsentation Organe wie Penis, Brüste oder Vagina spüren, sogenannte *Phantomglieder* (ebd., S. 10f.). Ein Phantomglied sei nicht notwendigerweise als ein Verlangen nach dem entsprechenden Körperteil zu verstehen. Es würde aber dabei helfen, externe Gegenstände wie zum Beispiel den Dildo imaginativ auszufüllen und ins Körperbild zu integrieren. Bauer versteht diese Veränderungen des Körperbildes als legitime und gesunde psychische Leistung, während Kruber (2016) oder Doorduin und van Berlo (2014) sie als bloße Überlebensstrategie abtun. Außerdem beschreibt Bauer, dass manche seiner Teilnehmer_innen erst über die Auseinandersetzung mit BDSM und dem Spiel mit Geschlechtsidentität darin ihre eigene Transgeschlechtlichkeit entdecken konnten (Bauer, 2015, S. 18).

Schilt und Windsor (2014) haben Interviews mit über 70 trans* Männern zum Thema Sexualität durchgeführt und dabei den Begriff des *sexuellen Habitus* (»sexual habitus«) entwickelt.

Er bezeichnet die Beziehung zwischen Körper, Begehren, sexuellem Handeln und Identität (Schilt & Windsor, 2014, S. 739). Nach Schilt und Windsor ist eine äußere Angleichung an das geschlechtliche Selbstbild für trans* Männer wesentlich, was jedoch nur in seltenen Fällen eine Genitalangleichung bedeute. Es gehe vor allem um das eigene Wohlgefühl und weniger darum, prototypischen Bildern von Männlichkeit zu entsprechen. Vor allem die von außen wahrgenommene (soziale) Erscheinung sei dabei entscheidend. Sie sorge dafür, dass Außenstehende einfach annehmen würden, die betreffenden Personen hätten cis Genitalien. Dieses Phänomen bezeichnen Schilt und Windsor als *kulturelle Genitalien*. Die physischen Genitalien verlieren darüber an Relevanz für die soziale Anerkennung (ebd., S. 741). Schilt und Windsor beschreiben, dass Transitionen manchmal Veränderungen der sexuellen Orientierung nach sich ziehen: Manche trans* Männer entwickelten sich im Zuge ihrer Transition von lesbischen Frauen zu schwulen Männern. In seltenen Fällen komme es auch vor, dass die kulturellen Genitalien, also die sich fortlaufend wiederholende Zuschreibung von Genitalien durch Außenstehende, mit der Zeit einen Wunsch nach Genitalangleichung hervorrufe, der vor der Transition *nicht* vorhanden war (ebd., S. 742). Dies bezeichnen sie als *Feedbackschleife* (»feedback loop«) (ebd., S. 733). Die meisten seien allerdings mit kulturellen und externen Genitalien (Strap-ons) zufrieden. Manche begreifen diese sogar als Vorteil: Nicht nur liefen sie niemals Gefahr, eine erektile Dysfunktion zu entwickeln, sie könnten ihren Partner_innen auch eine Auswahl an Penes anbieten, in unterschiedlichen Größen, Formen, Funktionalität und Steifegrad (ebd., S. 744).

Edelman und Zimman (2014) widmen sich der Frage, wie trans* Männer in homoerotischen virtuellen Räumen, speziell im schwulen Internet, mit ihren operativ nicht veränderten Genitalien umgehen. Sie widerlegen eine der wesentlichen Annahmen der klinischen Sexualwissenschaft, dass trans* Personen ihre eigenen Genitalien zwangsläufig ablehnen würden, da sie nicht zum Identitätsgeschlecht passten. Stattdessen arbeiten sie heraus, wie trans* Männer ihre Genitalien als legitime und begehrenswerte geschlechtliche Attribute ihrer *männlichen* Körper präsentieren (Edelman & Zimman, 2014, S. 674). Dies gelinge ihnen durch verschiedene Strategien. Beispielsweise werde der Zusammenhang zwischen Penis als *männlichem* und Vagina als *weiblichem* Geschlechtsorgan aufgelöst. Genitalien werden als Teil eines diskursiven Kontinuums begriffen, in dem eine durch Testosteron vergrößerte Klitoris als kleiner Penis interpretiert werden könne (ebd., S. 686). Eine weitere Strategie sei es, den Moment der *Offenbarung*[4] (»Disclosure«) der eigenen Transgeschlechtlichkeit gegenüber einem potenziellen Sexpartner selbstbewusst zu gestalten und dabei die Rolle des Über-Trans*-Aufklärenden zurückzuweisen: »Wenn du nicht weißt, was das heißt, dann lies nach«[5] (ebd., S. 684). Genitalien würden häufig umbenannt und teilweise würden trans*-spezifische Wordkreationen wie *Bonusloch* (»bonus hole«) geschaffen. Der Begriff *bonus hole* (für Vagina) sei dabei wörtlich zu verstehen, da er als eigenständiger *zusätzlicher* sexueller Wert präsentiert würde, der in einer typischen homoerotischen Interaktion nicht zu haben sei (ebd., S. 686). Edelman und Zimman kommen zu dem Schluss, dass viele trans* Männer ihre biologischen Genitalien oft und gerne für penetrativ-aufnehmenden Geschlechtsverkehr mit cismännlichen Partnern nutzen, ohne dass dies ihre Geschlechtsidentität infrage stelle. Sie kommen sogar zu der provokanten Schlussfolgerung, dass »eine Möse, im richtigen Kontext, [...] einfach als ein weiteres Körperteil des sexuell bewanderten Mannes zu betrachten [sei]«[6] (ebd., S. 685).

---

4 *Offenbarung* ist im deutschen Community-Diskurs kein gängiger Begriff, stattdessen wird meist die Umschreibung *sich als trans* outen* verwendet.

5 »If you don't know what it means, look it up.«

6 »A cunt, in the right context, is rendered merely another appendage of a sexually skilled male«.

4 Theoretische Arbeiten

Es existieren innerhalb der Transgender Studies einige sehr interessante Arbeiten, die sich intensiver mit Sexualität beschäftigen und eher theoretischer Natur sind. Erwähnt werden sollten hier insbesondere die kritische Auseinandersetzung mit dem Begriff des *Tranny Chaser* (Tompkins, 2014), die Beiträge zum befreienden und entpathologisierenden Potenzial von community-basierter Trans*-Pornografie (Davy & Steinbock, 2012; Steinbock, 2014) sowie Argumentationen gegen Blanchards umstrittenes Konzept der Autogynophilie[7] (Moser, 2010; Serano, 2010).

Für diese Arbeit ist allerdings vor allem ein Text der trans* Philosophin Bettcher (2014) relevant. Bettcher führt aus, dass die Kategorien *sexuelle Orientierung* und *Geschlechtsidentität* als stark verwoben und interdependent zu begreifen sind und führt den Begriff des *erotischen Strukturalismus* (»erotic structuralism«) ein. Die eigene *vergeschlechtlichte Erotifizierung* (»gendered eroticization«) müsse als wichtiger Teil der sexuellen Identität begriffen werden. Es reiche nicht aus, wenn *sexuelle Orientierung* lediglich beschreibe, wer begehrt wird, denn sexuelle Orientierung enthalte immer schon eine *vergeschlechtlichte Idee des erotischen Selbst* (»core erotic gendered self«) (ebd., S. 607) und sexuelle Attraktion zu anderen sei erst damit überhaupt möglich. Sexuelle Attraktion sei nicht nur das erotisierte Andere, sondern auch das erotisierte Selbst und die Interaktion zwischen beiden. Diese Interaktionen seien in ihrem Erleben aber immer bereits *vergeschlechtlicht* (»gendered«). Tatsächlich liefert Bettcher damit eine nützliche Theorie für viele der Strate-

7 Die Autogynophilie-Hypothese ist eine veraltete Theorie aus den 1980er Jahren, nach der vermutet wurde, lesbische trans* Frauen seien lediglich heterosexuelle cis Männer, die bei der Vorstellung, eine Frau zu sein bzw. Frauenkleider zu tragen, sexuelle Erregung verspürten. Es gibt keine seriöse empirische Basis für diese Theorie (vgl. Moser, 2010; Serano, 2010), sie wird aber leider noch heute von manchen Psychiater_innen vertreten.

gien, die Bauer, Doorduin und van Berlo, Edelman und Zimman, Kruber, Schilt und Windsor und weitere Trans*-Forscher_innen beschrieben haben. Das Umbenennen und Umdeuten von Körperteilen nennt Bettcher *Neucodierung* (»recoding«). Gemeinschaftliches Neucodieren von Körperteilen in der partnerschaftlichen Sexualität könne es trans* Personen erleichtern, diese Körperteile in ihren *erotischen Inhalt* (»erotic content«) und damit in ihr geschlechtliches Selbstbild aufzunehmen. Die Interaktion ermögliche bzw. stabilisiere die gemeinschaftliche Ko-Konstruktion eines geschlechtlichen Selbst (Bettcher, 2014, S. 611). Und auch dieses gemeinschaftliche Handeln trage zur sexuellen Attraktion zum Gegenüber bei.

Bettcher führt außerdem den Begriff des *Spiegelns* (»mirroring«) ein. Wenn wir unser Gegenüber als erotisch erleben, dann erleben wir uns auch selbst als erotisch – und umgekehrt. Dasselbe gelte für unser erotisches Gegenüber (ebd., S. 615–617). Auch hier spiele unsere Geschlechtlichkeit eine Rolle. Bettcher unterscheidet zwischen *direktem Spiegeln* (»direct mirroring«) und *indirektem* (»indirect mirroring«). Beim indirekten Spiegeln werde eine asymmetrische Ebene gespiegelt (z. B. weiblich – männlich, nackt – angezogen oder Meister – Sklave). Beim direkten Spiegeln wird gleiches gespiegelt (z. B. weiblich – weiblich). Für manche Personen sei vielleicht nur das direkte Spiegeln erotisch – oder andersherum. Damit ließe sich erklären, warum manche trans* Personen ihre homosexuelle Orientierung durch die Transition behalten, auch wenn sich damit ihre *Objektwahl* verschiebt (ebd.).

Zuletzt führt Bettcher eine weitere Ebene in Bezug auf sexuelle Orientierung ein. Insbesondere klinische Forscher_innen verwenden gerne die Begriffe *androphil* und *gynophil* oder *gynäphil* (Cerwenka et al., 2012), um die sexuelle Orientierung von trans* Personen zu beschreiben, da diese Begriffe unabhängig vom Geschlecht einer Person funktionieren. Bettcher erweitert diese Beschreibung um die Komponenten *androreflexiv* (»andro-reflexive«) und *gynoreflexiv* (»gyne-reflexive«). Damit soll das eigene geschlechtlich-erotische Selbstbild in die Beschreibung einbezogen werden. Eine lesbische (trans*) Frau wäre demnach als gynoreflexiv und gynophil zu beschreiben, ein heterosexueller Mann hingegen als androreflexiv gynophil (Bettcher, 2014, S. 618–619). Dieser Ansatz ist auch deshalb interessant, weil er erstmals einen theoretischen Rahmen für *Guydykes* und *Girlfags*, also lesbische Männer und schwule Frauen bietet. Eine Girlfag bzw. schwule Frau wäre demnach eine androreflexive androphile Frau, also eine Frau, die Männer liebt, dabei aber ein stabiles *männliches* erotisches Selbstbild hat.

5 Community-Literatur

Unter Community-Literatur werden hier verschiedene nichtwissenschaftliche Publikationsarten zusammengefasst: sexualpädagogische Broschüren von und für trans* Personen (Geldermann et al., 2017; Gendered Intelligence, 2011), Selbsthilfeliteratur (Erickson-Schroth, 2014; Hill-Meyer & Scarborough, 2014), Zines[8] zu Trans*-Sexualität (Bellwether, 2010; Mac, 2009, 2010) sowie Trans*-Erotika (Blank & Kaldera, 2002; Diamond, 2011; Taormino, 2011). Community-Literatur war lange die einzige Quelle, die qualitative Auskunft über gelebte Sexualität von und für trans* Personen geben konnte.

Zu nennen sind hier die Broschüren »Trans Youth Sexual Health Booklet« (Gendered Intelligence, 2011) und deren deutsche Weiterentwicklung »Trans*-Sexualität. Informationen zu Körper, Sexualität und Beziehung für junge trans* Menschen« (Geldermann et al., 2017), die bereits in dritter Auflage nachgedruckt wurde. Der umfassendste Beitrag der Selbsthilfeliteratur ist wohl das Kapitel zu Sexualität (Hill-Meyer & Scarborough,

8 *Zines* sind subkulturelle Publikationen, die ohne Verlag und oft im bewusst amateurhaften Stil (z.B. handkopiert) hergestellt werden und Themen bearbeiten, welche für die jeweils spezifische Community relevant sind.

2014) des über 600 Seiten starken Ratgebers *Trans Bodies, Trans Selves* (Erickson-Schroth, 2014). Alle drei Texte bestätigen die Erkenntnisse der empirischen Sozialforschung: Trans*-Sexualität ist divers. Sie beschreiben die Strategien des Neucodierens, der Einverleibung, der Agnosie, der Differenzierung und natürlich die der medizinischen Transition. Die Texte sind dabei klar normkritisch und plädieren für einen individuellen und bedürfnisorientierten Umgang mit medizinischen Interventionen. Auch räumen sie mit heteronormativen Mythen auf: »Erektion, Orgasmus und Ejakulation sind drei separate Vorgänge – sie müssen nicht gleichzeitig erfolgen und viele von uns kommen zum Orgasmus ohne jemals erigiert zu sein«[9] (Hill-Meyer & Scarborough, 2014, S. 361). Sie betonen, dass geschlechtliche Identität über Körperlichkeit stehe und sexuelle Praxis nicht von Geschlechtsidentität abhängen müsse: »Eine Frau ist eine Frau – auch wenn sie es mag, Eine_n geblasen zu bekommen« (Geldermann et al., 2017, S. 26). Auch geben sie pragmatische Tipps zu Offenbarung, Körperaneignung und Safer Sex oder auch dazu, wie frau trotz Testosteronblocker Erektionsschwierigkeiten vermeiden kann (Hill-Meyer & Scarborough, 2014, S. 383). Hill-Meyer und Scarborough (2014) sind dabei am explizitesten. Sie beschreiben (trans*-spezifische) sexuelle Praktiken, geben Anleitungen dafür und reichern sie mit erklärenden Grafiken an. So beschreiben sie Genitalien-Pumpen zur Stimulation und Vergrößerung der Klitoris, Masturbatoren (»masturbation sleeves«) als Ersatz oder zusätzliche Genitalien für die Paarsexualität und erklären wie Fingern, Fisten oder die wenig bekannte Technik des *Muffing* funktioniert.

Muffing wurde vermutlich erstmals von Bellwether (2010, S. 15–24) beschrieben. Mira Bellwethers Zine *Fucking Trans Women* (2010) beschäftigt sich auf über 70 Seiten ausschließ-

---

9 »Erections, orgasm, and ejaculation are three separate events – they need not happen together, and many of us achieve orgasm without ever becoming erect.«

lich mit der Sexualität von trans* Frauen, genauer gesagt mit dem *weiblichen Penis* und den sexuellen Möglichkeiten nicht operierter Frauen. *Muffing* bezeichnet die Penetration des Leistenkanals, in der Regel mit einem Finger. So wie Hoden sich bei Kälte in das Körperinnere, den Leistenkanal, zurückziehen, können sie auch bewusst dorthin geschoben werden. Da die Haut über dieser Körperstelle weich und dehnbar sei, könne der Leistenkanal durch die Haut hindurch vorsichtig penetriert werden, was manche trans* Frauen als Form des penetrativen Sex praktizierten (ebd.). Bellwether wird selbst von Autor_innen im akademischen Bereich regelmäßig zitiert (Pfeffer, 2014; Steinbock, 2017).

Darüber hinaus finden sich sehr grafische Beschreibungen von Trans*-Sexualität in Trans*-Erotika-Anthologien (Blank & Kaldera, 2002; Diamond, 2011; Taormino, 2011). Es wäre allerdings ein Fehler anzunehmen, Trans*-Erotika seien *Schmuddelporn* (»smut«). Im Gegenteil, die Herausgeber_innen distanzieren sich explizit vom Genre des *Tranny Smut* (Blank & Kaldera, 2002, S. 7–11). Zwar handelt es sich um pornografische Kurzgeschichten, die Herausgeber_innen sind in der Regel jedoch selbst Trans*-Forschende oder -Aktivist_innen und achten strikt darauf, in den Geschichten auf Pathologisierung, Fetischisierung, Dämonisierung und sexuelle Ausbeutung zu verzichten. Die klinische Literatur könnte hier einiges nicht nur zu trans*-sexueller Praxis, sondern auch zu Ethik und Haltung lernen. Aus sexualpädagogischer Perspektive können diese Geschichten für trans* Personen sehr wertvoll sein. Sie halten ein breites Repertoire an Diversität und Empowerment für ihre Leser_innen bereit. Auch in diesen Geschichten werden viele Ergebnisse der empirischen Forschung gespiegelt. Hierbei muss natürlich im Blick behalten werden, dass es sich um Fiktion handelt, nicht Forschung. Die Geschichten bilden *trans*-sexuelle Fantasien* ab, nicht unbedingt *Trans*-Sexualität.* Dies wird an Geschichten wie »Self-Reflection« deutlich (Hill-Meyer, 2011), in denen die Ich-Erzählerin Besuch aus der Zukunft bekommt und eine sexuell-erotische

Begegnung mit ihrem zehn Jahre älteren, postoperativen Selbst erlebt.

6 Literatur zu Trans*-Beratung

Trans*-Beratung als eigenes Feld anzuerkennen ist noch relativ neu, daher sind auch die frühesten Publikationen im deutschsprachigen Raum noch keine zehn Jahre alt. Für einen aktuellen Überblick zur Literatur siehe auch Hamm und Stern (2019). Ein Großteil der bestehenden Texte stammt von Berater_innen, die ihre Erfahrungen in peer-reviewten Beiträgen mit einem größeren Fachpublikum teilen (Fritz, 2013; Günther, 2015; Hamm & Stern, 2019; Meyer, 2015; Schirmer, 2017). Es gibt jedoch auch Leitfäden und Ratgeber zur beraterischen Arbeit mit trans* Personen von namhaften Trägern (pro familia, 2016; Sauer et al., 2016) und eine erste qualitative und quantitative Studie zu Trans*-Beratung im deutschsprachigen Raum (Focks et al., 2017). Sexualität wird jedoch in diesen Texten kaum thematisiert. Ausnahmen bilden hier eine einzige Seite im Leitfaden von pro familia (2016, S. 21) sowie das erst 2019 erschienene Buch *Psychotherapeutische Arbeit mit trans* Personen* (Günther et al., 2019, S. 147–156), das allerdings streng genommen nicht in das Feld *Beratung* fällt. Meistens betonen die Autor_innen stattdessen, dass Transgeschlechtlichkeit an sich eben nichts mit Sexualität zu tun habe (Fritz, 2013, S. 136; Günther, 2015, S. 116). Diese Abgrenzung resultiert aus der jahrzehntelangen, teils voyeuristischen Sexualisierung, die trans* Personen erlebt haben. Eine Entsexualisierung des Themas war deshalb zunächst sinnvoll. Sie hat aber dazu geführt, dass auch hier, in der Abgrenzung zu *Transsexualität*, das Thema *Trans*-Sexualität* vorerst unter den Tisch gefallen ist und es kaum Impulse dazu gibt, wie in der Trans*-Beratung mit dem Thema Sexualität umzugehen ist.

IV Die empirische Untersuchung

Da diese Forschung in einem sensiblen Bereich angesiedelt ist, werden zunächst eingehende Überlegungen zu Forschungsethik und Partizipation angestellt. Es folgt eine systematische Beschreibung des gewählten Vorgehens, von der Definition von Zielgruppe und Stichprobe, dem theoretischen Sampling und Rekrutierung der Stichprobe hin zur eigentlichen Datenerhebung. Dabei werden das Datenschutzkonzept, der Interviewrahmen sowie Interviewmethode und -leitfaden vorgestellt. Es folgt die Beschreibung der Auswertungsmethode und der partizipativen Feedbackschleife. Grundlage des Methodenkapitels ist das Forschungstagebuch, das während des Forschungsprozesses digital geführt wurde und zum Abschluss der Studie etwa 40 A4-Seiten umfasste. Damit mag das Methodenkapitel dieses Buches manchen Leser_innen unnötig lang und akribisch erscheinen. Da qualitative Forschungsmethoden zum einen und die Peer-Forschung oder *Betroffenenforschung* zum anderen allerdings in manchen Wissenschaftsdisziplinen immer noch unter dem Verdacht stehen, weniger professionell und/oder biased zu sein, und weil partizipative Forschung noch relativ wenig verbreitet ist, werden die methodischen und insbesondere die forschungsethischen Hintergrundüberlegungen hier besonders detailliert ausgeführt.

1 Überlegungen zu Forschungsethik und Partizipation

Die Hochschule Merseburg, an der die Forschung im Rahmen einer Qualifikationsarbeit erfolgte, schreibt keinen spezifischen

Ethikkodex vor. Das Thema ist allerdings eines, das höchste ethische Ansprüche im Vorgehen erfordert, weil trans* Personen in Vergangenheit und Gegenwart immer wieder Forschungspraktiken und Schlussfolgerungen ausgesetzt wurden und werden, die unter ethischen Gesichtspunkten fragwürdig sind und in manchen Fällen auch schädlich für die Beforschten. Ein gutes Beispiel ist, wie bereits in Kapitel III erwähnt, die Befragung von Personen, die sich in einem Abhängigkeitsverhältnis zu den Forschenden befinden, wie die eigenen Trans*-Patient_innen während des Diagnoseprozesses. Ein weiteres Beispiel wäre Blanchard, der 1989 die Theorie der Autogynophilie aufstellte und damit den Zugang zu geschlechtsangleichenden Maßnahmen für lesbische trans* Frauen über Jahrzehnte erschwerte, obgleich seine Theorie bei näherer Betrachtung von den eigenen Daten nicht gestützt wurde (Moser, 2010; Serano, 2010). Die zugrunde liegenden Probleme sind Pathologisierung und Heteronormativität und sie begründen sich in der Perspektive, dass Transgeschlechtlichkeit eine Abweichung ist, etwas, was nicht *normal* ist und daher erklärungsbedürftig – und vielleicht ja doch heilbar. Daher rufen trans* Forschende schon länger nach partizipativer, betroffenenkontrollierter Forschung (Sauer, 2015). Partizipative Forschung betrachtet Menschen als Subjekte und nicht als Objekte der Forschung. Der Fokus ist nicht, Erklärungsmuster für das vermeintlich *Andere* zu finden, sondern gemeinsam mit der Personengruppe, um die es geht, positiv auf deren Lebenswelt einzuwirken. Forschungsergebnisse sind normschaffend und daher ist es an der Zeit, trans* Personen die Kontrolle über die Wissensproduktion zu überlassen oder sie zumindest demokratisch am Produktionsprozess zu beteiligen.

Wie also ein ethisch angemessenes Forschungsdesign entwickeln? Da kein spezifischer Ethikkodex vorgeschrieben wurde, wurden im Vorfeld dieser Arbeit zur Orientierung verschiedene Ethikrichtlinien im Bereich der Sozialforschung gesichtet. Die Ethikkodizes der Deutschen Gesellschaft für Soziologie (DGS) und des Berufsverbands Deutscher Soziologinnen und Soziologen (BDS) (DGS & BDS, 2014) und der Deutschen Gesellschaft für Erziehungswissenschaft (DGfE, 2016) sind dabei zwar begrüßenswert, decken aber nicht mehr als das Minimum guter wissenschaftlicher Praxis ab. Die »Fragen zur ethischen Reflexion« der Deutschen Gesellschaft für Pflegewissenschaft (DGP, o. J.) sind schon sehr viel hilfreicher. Sie halten zu hohen ethischen Standards durch Selbstreflexion an, zum Beispiel zur Reflexion der wissenschaftlichen und praktischen Relevanz der Forschung, zur Rechtfertigung der Einbeziehung von Teilnehmer_innen sowie zur informierten Zustimmung eben dieser (ebd.) Diese Fragen wurden nach bestem Wissen und Gewissen reflektiert.

Letztendlich fand eine starke Orientierung an den Anregungen des Sammelbandes *Forschungsethik in der qualitativen Forschung* statt (Unger et al., 2014). Langer (2014) liefert dabei einen hilfreichen Beitrag, der auf die Gefahr der Sexualisierung der Interviewsituation hinweist, wenn Peer Research innerhalb einer sexuellen Minderheit stattfindet. Çetin (2014) stellt hilfreiche Erfahrungen zur Verfügung, die betonen, wie wichtig es ist, als Interviewer_in mit dem Gebot der Neutralität und inhaltlichen Zurückhaltung zu brechen, um Menschen mit Diskriminierungserfahrung zu ermöglichen, in der Interviewsituation Vertrauen aufzubauen.

Diese Studie war von Beginn an als partizipatives Projekt geplant. Echte partizipative Forschung ist jedoch enorm aufwendig. Sie zielt darauf ab, mit den gesellschaftlichen Akteur_innen, deren Lebenswirklichkeit erforscht wird, gemeinsam ein Forschungsdesign zu entwickeln (Unger, 2014, S. 1–12). Unger führt aus, für die partizipative Forschung sei es

> »konstitutiv, dass Vertreter/innen aus den Lebens- und Arbeitswelten, die erforscht werden, als Partner/innen mit Entscheidungsmacht an allen Phasen des Forschungs- und Entwicklungsprozesses beteiligt sind: von der Zielsetzung über Studiendesign, Umsetzung, Datenerhebung und Evaluation bis zur Verwertung« (Unger, 2014, S. 41).

Hier ließe sich vielleicht noch argumentieren, diese Vorgabe sei in einem Peer-Research-Projekt, in dem eine trans* Person zu

Trans* forscht, bereits erfüllt. Doch Unger benennt auch drei essenzielle Komponenten partizipativer Forschung:

> »1. Beteiligung (Partizipation) von nicht-wissenschaftlichen Akteuren als Co-Forscher/innen am Forschungsprozess;
> 2. Stärkung dieser Partner durch Lernprozesse, Kompetenzentwicklung und individuelle und kollektive (Selbst-)Befähigung (Empowerment); und
> 3. die doppelte Zielsetzung von Erforschung und Veränderung sozialer Wirklichkeit und damit verbunden der Interventionscharakter und die Handlungs-/Anwendungsorientierung der Forschung« (Unger, 2014, S. 10).

Diese Vorgaben sind für eine Qualifikationsarbeit allerdings sowohl aus Kapazitätsgründen als auch vom Studiendesign her nur ansatzweise umsetzbar. Daher wurden lediglich zwei *partizipative Elemente* eingeführt. Zum einen wurden verschiedene Aspekte der Datenerhebung mit der Probeinterviewperson durchgesprochen, reflektiert und beratendes Feedback von ihr eingeholt. Dabei fanden neben dem eigentlichen Interview mehrere persönliche Reflexionsgespräche statt. Zum anderen wurde eine partizipative Feedbackschleife entwickelt, bei der die Ergebnisse der ursprünglichen Datenerhebung mit den Teilnehmer_innen (von jetzt an: TN) geteilt und nach Möglichkeit besprochen wurden. Die TN wurden um Feedback zu den Ergebnissen gebeten, dieses wurde aufgenommen und in einer weiteren Auswertungsschleife in die Ergebnisse der Studie integriert.

In dem von Wright et al. entwickelten neunstufigen Modell partizipativer Forschung sind diese Elemente nach eigener Einschätzung zwischen Stufe 5 (Einbeziehung) und Stufe 6 (Mitbestimmung) anzusiedeln und liegen damit gerade an der Grenze zu partizipativer Forschung (Wright et al., 2010, zit. n. Unger, 2014). Dies gilt allerdings nur für diese beiden Elemente. Die Studie nimmt für sich nicht in Anspruch grundständig partizipativ angelegt zu sein.

2 Stichprobe

Hier werden die Überlegungen zur Definition von Zielgruppe und Stichprobe, das theoretische Sampling und die Rekrutierung der TN beschrieben.

Die Zielgruppe der Arbeit waren *trans* Personen, die ihre Sexualität als gelingend empfinden und keine Genitalangleichung vorgenommen haben oder anstreben.* Die konkrete Stichprobe bezog sich auf trans* Personen im Raum Berlin und unterlag weiteren Einschränkungen. So wurden Interviews auf Englisch erwogen, da Berlin eine große internationale Trans*-Community hat. Diese Option wurde allerdings aus Kapazitätsgründen wieder verworfen. Da ich als psychosozialer Berater für trans* Personen in Berlin und als trans* Person sowohl im beruflichen als auch privaten Leben Teil des Forschungsfelds bin, stand zu Beginn der Forschung außerdem die Überlegung im Raum, dass eine zu große Nähe der TN zu mir als Forschungsperson zu Verzerrungen der Ergebnisse führen könnte, und es wurden verschiedene Kriterien aufgestellt, um diesen Effekt zu minimieren. So wurden Freund_innen, vergangene und aktuelle Sexpartner_innen sowie Klient_innen, die sich zu diesem Zeitpunkt in einem Beratungsprozess mit mir befanden, vorerst von der Stichprobe ausgeschlossen. Entfernte Bekannte, ehemalige Klient_innen sowie Personen, die Beratung sporadisch zu Sachfragen in Anspruch nehmen, wurden als legitim eingestuft. Eine Reduktion auf unbekannte Personen erschien weder sinnvoll noch praktikabel und hätte mehrere Hundert Personen ohne hinreichenden Grund von der Stichprobe ausgeschlossen.

Ein entsprechender Ausschluss entspräche auch keinem wissenschaftlichen Standard. So ist es ja beispielsweise in klinischen Settings durchaus üblich, die eigenen Patient_innen und damit *bekannte Personen* zu rekrutieren. Mehr noch, klinische Forschung findet ja oft in einem Abhängigkeitsverhältnis statt, was auch als *zu große Nähe* betrachtet werden kann und hier als unethisch abgelehnt wird (siehe auch Kap. III). Das sich hier präsentierende

Paradox war allerdings Ausgangspunkt für weitere Reflexionen bezüglich *Neutralität* und *Nähe* im Forschungsprozess. So wäre es wohl in einem klinischen Setting undenkbar, die eigenen Freund_innen und Bekannten zu interviewen, weil der_die Interviewer_in *neutral* sein sollte. Dabei wird verkannt, dass auch zwischen Behandler_innen (oder behandelnder/forschender Institution) und Patient_innen eine Beziehung besteht und beide damit nicht neutral zueinander sind. Hinzu kommt, dass in qualitativen Interviews zu intimen Themen Vertrauen und Beziehung(saufbau) ja grundlegende Voraussetzung für eine gelingende Interviewführung sind. Daher wurde für diese Arbeit das Kriterium der Neutralität verschoben, weg von der vermeintlichen *Neutralität des Forschenden* hin zur *Neutralität der Beziehung zwischen Forscher und Beforschten*. Das ausschlaggebende Kriterium für den Einschluss oder Ausschluss in die Zielgruppe wurde verschoben, weg davon, wie gut Forschender und Beforschte sich kennen oder sich nahestehen, dorthin, dass zwischen Forschendem und Beforschten keinerlei Abhängigkeit vorliegen durfte, auch nicht, wenn diese gegenseitig wäre. Nach diesem Kriterium sind beispielsweise entfernte Kolleg_innen aus benachbarten Trägern aus der Stichprobe auszuschließen, weil Forschender und potenzielle_r TN gegenseitig darauf angewiesen sind, im Rahmen von Vernetzungstreffen auch in Zukunft miteinander zu interagieren. Freund_innen, mit denen es keine Alltagsbeziehung und kein gegenseitiges Aufeinander-angewiesen-Sein gibt, konnten nach dieser Verschiebung jedoch in die Stichprobe eingeschlossen werden. Dieser Logik folgend wurde die Regelung zu Klient_innen als Studienteilnehmer_innen beibehalten: Menschen in einem laufenden Beratungsprozess wurden aufgrund des Abhängigkeitsverhältnisses aus der Stichprobe ausgeschlossen. Personen, welche die Beratungsstelle, in der ich arbeitete, jedoch nur sporadisch mit Sachfragen kontaktieren und demnach nicht auf sie angewiesen sind, konnten in die Stichprobe eingeschlossen werden. Der Ausschluss von aktuellen oder vergangenen Sexpartner_innen wurde aus eigenem Interesse beibehalten.

Die Zielgruppe der Arbeit ist also eine sehr spezifische, die durch die äußeren Umstände noch weiter eingeschränkt wurde. Letztendlich mussten Teilnehmer_innen außer den bereits benannten auch die folgenden Kriterien erfüllen: in Berlin wohnen, Deutsch sprechen, bereit sein, in einer wissenschaftlichen Studie über sehr intime Dinge zu sprechen, und im Zeitraum der Datenerhebung Zeit haben. In Anbetracht dieser limitierenden Faktoren erschien ein detailliertes theoretisches Sampling nach Kategorien wie Alter, Bildungshintergrund oder Beruf schwer umsetzbar. Dasselbe galt für den Anspruch, eine Stichprobe zu konstruieren, die »maximal unterschiedliche und ebenso als typisch geltende Fälle umfasst« (Helfferich, 2011, S. 172–175). Zwar ist dies nach eigener Einschätzung durchaus gelungen, da es aber keine Daten darüber gibt, was für diese spezifische Zielgruppe typisch ist und was nicht, wäre es unmöglich gewesen, diese Kriterien vorab zu definieren. Kaufmann (1999) warnt davor, ein zu spezifisches theoretisches Sampling zu betreiben. Es gebe keinerlei Gewähr dafür, dass die Äußerungen des unverheirateten 30- bis 40-jährigen Landwirts aus der Bourgogne die Meinungen derer widerspiegeln, die er repräsentieren solle (Kaufmann, 1999, S. 61).

Daher wurden nur zwei kontrastierende Merkmale (Helfferich, 2011, S. 174) in das theoretische Sampling einbezogen, die allerdings für den Trans*-Bereich essenziell sind: Es sollte zumindest eine trans*-männliche und eine trans*-weibliche Person interviewt werden, außerdem mindestens eine non-binäre Person und eine binäre Person. Dabei wurden diese Merkmale nicht auf einer Achse (trans*-weiblich – non-binär – trans*-männlich) gedacht, sondern als zwei eigenständige Achsen. Eine Kontrastierung bezüglich der sexuellen Orientierung wurde als wünschenswert, aber nicht notwendig erachtet. Diese Ziele konnten in der Praxis gut umgesetzt werden. So konnten drei trans*-männliche und drei trans*-weibliche TN gewonnen werden, davon jeweils eine Person binär verortet. Darüber hinaus gelang es, eine heterosexuelle Person zu rekrutieren. Die fünf anderen TN bezeichnen sich als queer, pansexuell oder verweigern eine Kategorisierung der sexuellen Orientierung vollständig. Die Rekrutierung der trans*-weiblichen TN gestaltete sich ungleich schwerer als die der trans*-männlichen. Die Alterspanne der TN reichte von 25 bis 65 Jahren, der Altersdurchschnitt (Median) ist 37 Jahre. In Bezug auf andere Diversitätsmerkmale ist die Stichprobe jedoch vergleichsweise homogen. So ist das Bildungsniveau der TN ausgesprochen hoch. Merkmale wie Ethnizität, Nationalität, Migrationshintergrund oder Behinderung wurden nicht erfasst, tendenziell scheinen die TN jedoch *weiß* und deutsch zu sein und nicht behindert zu werden.

Die Rekrutierung von TN wurde zunächst über Multiplikator_innen versucht: Schlüsselpersonen in der Trans*-Community aus dem eigenen privaten, aktivistischen und beruflichem Umfeld, zum Beispiel andere Berater_innen, Aktive aus Trans*-Organisationen, Menschen, die Workshops zu Sexualität anbieten, sowie Privatpersonen, die in der Community gut vernetzt sind. Diesen wurde ein standardisierter Aufruf mit einem individuellen Anschreiben zugeschickt mit der Bitte um gezielte Weiterleitung an potenzielle interessierte Einzelpersonen. Von diesem Vorgehen erhoffte ich mir eine höhere Bereitschaft zur Teilnahme durch eine *Kette des Vertrauens*. Der Aufruf benannte als weitere vertrauensbildende Maßnahmen bereits Aspekte wie den kritischen Bezug auf pathologisierende Forschungstraditionen, die partizipative Feedbackschleife und die Trans*-Kompetenz der Forschungsperson als Berater und Teil der Community.

Da hierdurch nicht genügend TN rekrutiert werden konnten, wurde im späteren Verlauf auf breitere Streuungsmethoden zurückgegriffen, etwa Mailinglisten von Trans*-Organisationen. Außerdem nahm ich Kontakt mit dem *Orgateam* einer nichtkommerziellen trans*-inklusiven Berliner Sexparty auf. Dort durfte ich freundlicherweise Flyer für meine Forschung auslegen, war auf Empfehlung des Orgateams jedoch auch persönlich vor Ort, um potenziell interessierten Personen Fragen zur Studie zu beantworten. Zuletzt wurde ein Aushang in einer hausärztlichen und endokrinologischen Schwerpunktpraxis vorbereitet, die mehrere Hundert trans* Personen medizinisch betreut. Hintergrundgedanke hier war auch, Personen zu erreichen, die sich außerhalb von Trans*-Community-Strukturen bewegen, insbesondere außerhalb der queeren sexpositiven Subkultur. Der Aufruf wurde allerdings nicht mehr ausgehängt, da just zu diesem Zeitpunkt die maximale Teilnehmer_innenzahl von sechs Personen erreicht wurde.

Letztendlich wurde eine einzige TN-Person über die persönliche Weiterleitung durch Schlüsselpersonen rekrutiert und jeweils eine über Community-Mailinglisten, die oben genannte Sexparty sowie über meine Arbeitsstelle. Eine Person aus dem erweiterten persönlichen Umfeld wurde von mir direkt angesprochen und eine Person hatte schon vor Beginn der Studie ihr Interesse an einer Teilnahme bekundet.

3 Datenerhebung

Es wurden insgesamt sechs leitfadengestützte Interviews durchgeführt, davon ein Probeinterview. Die Interviewdauer lag zwischen 58 und 105 Minuten und betrug durchschnittlich eine Stunde und 24 Minuten. Die folgenden Abschnitte beschreiben das Datenschutzkonzept und die Anonymisierung der Daten, den Interviewrahmen, den Interviewleitfaden und die Interviewmethode sowie die Transkription des Materials.

Die gesetzlichen Bestimmungen des Datenschutzes wurden eingehalten. Die Interviews wurden mithilfe von zwei nicht-internetfähigen Diktiergeräten aufgezeichnet und anschließend auf einer verschlüsselten Partition gesichert. Die Audiodateien wurden nach Abschluss des Projekts dauerhaft gelöscht und mehrfach überschrieben. Die Anonymisierung der Texte erfolgte während der Transkription. Die Namen der TN wurden durch ein Pseudonym ersetzt, das sie sich selbst aussuchten. Dabei wurde darauf hingewiesen, dass kein Pseudonym verwendet werden sollte, anhand dessen sie innerhalb ihrer Community wiedererkennbar sind. Andere Angaben, die Rückschlüsse auf Personen zulassen könnten, wurden bei der Transkription durch Umschreibungen ersetzt. Zum Beispiel wäre Potsdam im Transkript »[Stadt in Brandenburg]«. Alles Material, das erhoben wurde, wurde unter den Pseudonymen der TN erhoben, so zum Beispiel auch die Interviewprotokollbögen. Einzig die Datenschutzerklärungen sind unter Klarnamen abgeheftet, werden allerdings in einem separaten Ordner in Papierform aufbewahrt und lassen keine Rückschlüsse auf die Pseudonyme zu.

Der Schlüssel, welches Pseudonym zu welchem Namen gehört, wird in einer verschlüsselten Datei aufbewahrt. Er sollte ursprünglich nach Abschluss des Projekts vernichtet werden. Eine Anpassung bei den Teilnahmebedingungen machte es allerdings notwendig, den Schlüssel dauerhaft zu speichern. (Den TN wurde im Laufe des Projekts die Option eingeräumt, wörtliche Zitate gesondert freizugeben.) Die Teilnehmer_innen wurden im Rahmen der Aufklärung über das Projekt auf all diese Aspekte hingewiesen. Die Informationen wurden außerdem in Form eines »Informationsblatt zum Umgang mit deinen Daten« schriftlich ausgehändigt. Nach Durchsprechen des Datenschutzkonzepts wurde den TN eine schriftliche Einwilligungserklärung vorgelegt, die auch die Erlaubnis zur Verwendung der Daten für Veröffentlichungen und die Bereitschaft zur Teilnahme an der partizipativen Feedbackschleife abfragte.

Bei der jeweils ersten Kontaktaufnahme wurden immer die gleichen Vorabinformationen mitgeteilt sowie Vorab-Fragen gestellt. Nach dem Informationstelefonat mit der Probeinterviewperson wurden diese auf einer »Checkliste für Vorgespräche« festgehalten. Eine weitere Checkliste regelte die zu besprechenden Dinge vor und nach jedem Interview wie etwa Datenschutz, Freiwilligkeit der Teilnahme, Möglichkeiten des Abbruchs usw. Für den Fall, dass im Interview schmerzhafte oder traumatische Erinnerungen an die Oberfläche kommen würden und eine Situation entstünde, die ich mit meiner psychosozialen Ausbildung nicht abfangen könnte, wurde ein Flyer des Berliner Krisendiensts bereitgehalten. Den Teilnehmer_innen wurden mehrere Optionen zur Wahl des Interviewortes angeboten: die eigene Wohnung der TN sowie Beratungsräume der Schwulenberatung Berlin an zwei unterschiedlichen Standorten. Alle TN entschieden sich für die eigene Wohnung. Es wurden jeweils bis zu drei Zeitstunden eingeplant. Das Forschungsdesign sah eine Aufwandsentschädigung von 20 Euro für die Teilnehmer_innen vor. Der Betrag war bewusst gering gehalten, um keine Assoziationen von Bezahlung aufkommen zu lassen und gleichzeitig Respekt und Wertschätzung für die Teilnahme auszudrücken. Mehrere Teilnehmenden wiesen die Aufwandsentschädigung allerdings zurück.

Nach dem eigentlichen Interview wurden demografische Angaben gemeinsam mit der Interviewperson auf einem Interviewprotokollbogen festgehalten. Die zweite Hälfte des Protokollbogens zu Gesprächsatmosphäre, Stimmung, Interaktionsdynamik, schwierigen Passagen und eigenen Gefühlen wurde vom Interviewer allein ausgefüllt. Diese Notizen wurden als potenzielle weitere Datenquelle konzipiert. Auf eine Auswertung wurde jedoch letztlich verzichtet, weil sie keinen relevanten Erkenntnisgewinn für die Beantwortung der Forschungsfragen bereithielten.

Fünf Tage nach dem Probeinterview fand ein reflektierendes Auswertungsgespräch mit der Probeinterviewperson statt: zu den Themen emotionale Befindlichkeit während und nach dem Interview sowie Möglichkeiten, den Rapport zwischen Forscher und Interviewperson zu verbessern. Danach wurde auf Anregung der Probeinterviewperson auf der Einwilligungserklärung die Option eingeräumt, wörtliche Zitate für den Ergebnisteil gesondert genehmigen zu lassen. Dies sollte TN die Angst nehmen, dass Zitate von ihnen verwendet würden, die sie so nicht gemeint hatten, oder die aufgrund der Übertragung von gesprochener Sprache ins geschriebene Wort ungelenk klingen könnten.

Ausnahmslos alle TN haben sich in der Folge für diese Option entschieden.

Es gibt unzählige unterschiedliche Arten der Interviewführung (vgl. Helfferich, 2011, S. 35–46). Die beiden Kernfragen scheinen dabei zu sein, wie stark die interviewende Person einem Leitfaden bzw. festen Interviewregeln folgt und wie *offen* bzw. nah oder persönlich das Interview gestaltet wird. Ein zu persönlicher Interviewstil setzt sich leicht dem Vorwurf aus, nicht objektiv genug zu sein, gleichzeitig wird ein_e unpersönliche_r Interviewer_in auch immer unpersönliche Antworten generieren (Kaufmann, 1999, S. 24–25). Letztendlich sollen Interviewende eine »reflektierte Subjektivität« kultivieren (Helfferich, 2011, S. 19; Unger et al., 2014, S. 2). Insbesondere in Peer-Forschung erfahren die Forschenden aufgrund geteilter Erfahrungs-, Wissens- und Deutungshintergründe oft einen Vertrauensvorschuss, was den Beziehungsaufbau und damit den Zugang zu dem gewünschten Material erheblich erleichtert (Helfferich, 2011, S. 119ff.). Dieses Potenzial lässt sich allerdings nur nutzen, wenn der_die Peer-Forschende auch als solche in Erscheinung tritt und als Person, als Peer beziehungsweise Gleiche_r, für die Interviewten greifbar wird.

Um den unterschiedlichen Ansprüchen an die Datenerhebung gerecht zu werden, wurde hier zunächst eine Kombination der Ansätze gewählt: eine Interviewhaltung nach Kaufmann (1999), die es der interviewenden Person gestattet, sich als Person aktiv einzubringen und damit das Potenzial von Peer Research voll ausschöpft. Dies sollte kombiniert werden mit einem Interviewleitfaden, der nach Helfferich (2011) designt wurde und eher strikte Vorgaben macht, Interviewfragen als offene Fragen zu gestalten, um die TN möglichst wenig durch Voranahmen zu beeinflussen.

Das verstehende Interview nach Kaufmann versucht dem Stil eines Gesprächs sehr nahe zu kommen, ohne in ein Gespräch abzudriften (Kaufmann, 1999, S. 71). Ähnliche bis identische Interviewkonzepte finden sich als »engagiertes Interview« bei

Langer (2014), als »Active Interview« (Holstein & Gubrium, 1995, zit. n. Langer, 2014) sowie als »ero-episches Gespräch« bei Girtler (2009). Kaufmann plädiert für Engagement im Interview, für das Gegenteil von Neutralität. Stattdessen solle der_die Interviewer_in eine diskrete, aber starke persönliche Präsenz zeigen und sich mit eigenen Gedanken und Gefühlen einbringen. Erlaubt und ratsam sei es zu lachen, herauszuprusten, Komplimente zu machen, eine eigene Meinung kundzutun sowie Aspekte der Hypothesen zu erklären und im Gespräch zu analysieren. Der_die Interviewende dürfe die Erzählperson auch kritisieren, solle dabei aber sympathisch und offen sein (Kaufmann, 1999, S. 77–79). Kurz: Der_die Interviewer_in soll den Interviewten ein authentisches Gegenüber sein und somit den Interviewten ermöglichen, sich genauso authentisch einzubringen.

Für die Interviewführung wurde zunächst ein halbstandardisierter Leitfaden nach Helfferich entwickelt, und zwar über ein Verfahren namens »SPSS« (Helfferich, 2011, S. 182–189). SPSS steht für Sammeln, Prüfen, Sortieren und Subsummieren. Dabei werden zunächst alle Fragen *gesammelt*, die von Interesse sind, unabhängig davon, ob sie für einen Leitfaden geeignet sind. Beim *Prüfen* werden die gelisteten Fragen auf ihre Offenheit hin durchgearbeitet und ein erheblicher Anteil von ihnen wieder gestrichen. Dabei werden auch implizite Vorannahmen zum Forschungsgegenstand anhand der Prüffrage »Was würde mich eigentlich überraschen?« reflektiert (ebd., S. 183). Dies wurde im vorliegenden Projekt mithilfe einer informellen Peergroup erhoben. Im Anschluss wurden die Fragen nach Themen *sortiert* und den Themenblöcken je ein Stichwort zugewiesen. Zu jedem Stichwort wurde eine offene Frage so formuliert, dass die Antworten den aufgedeckten impliziten Thesen auch zuwiderlaufen konnten. Zuletzt wurden der dabei entstandene Fragenkatalog *subsummiert* und der Hauptteil auf drei Erzählaufforderungen reduziert: eine zu Sexualität heute, eine zu Sexualität in der Vergangenheit und eine zum persönlichen Umgang mit dem scheinbaren Widerspruch von Körperlichkeit und Geschlechterrolle.

Entgegen Helfferichs Empfehlung wurden dabei demografische Fragen zunächst an den Anfang des Interviews gesetzt, um den Einstieg und Beziehungsaufbau zu erleichtern.

Mit diesem vorläufigen Leitfaden wurde das Probeinterview durchgeführt und das Vorgehen im Anschluss reflektiert. Bei der ersten Sichtung des gewonnenen Materials fiel auf, dass die Antworten der Interviewperson deutlich stärker auf der Metaebene erfolgt – und deutlich unkonkreter – waren als erhofft. Mehr noch, sobald das Interviewgerät ausgeschaltet und forschende und beforschte Person nicht mehr im *Interviewmodus* waren, entwickelte sich nochmals ein Gespräch, das deutlich entspannter, offener und konkreter war als das Interview selbst.

Dies wurde im Austausch mit verschiedenen Menschen reflektiert und auch im Auswertungsgespräch zum Probeinterview angesprochen. Aus diesen Gesprächen wurden zwei Hypothesen entwickelt:

- Die Metaebene kann einerseits ein Versuch der TN sein, den Forschenden *Arbeit abzunehmen* und die Deutung der Ergebnisse zu beeinflussen, indem sie nicht ungefiltert erzählen, sondern ihre eigene Analyse und Interpretation, ihre eigene Verarbeitung ihrer Erfahrungen schon im Erzählen anbieten. Dies dient einerseits der Lenkung der Wissensproduktion, andererseits dem Schutz der eigenen Intimsphäre.
- Unkonkrete Fragen erzeugen unkonkrete Antworten. Es macht einen erheblichen Unterschied, ob Interviewer_innen fragen »Wie hast du Sex?« oder ob die Frage lautet: »Lässt du dich gerne vaginal penetrieren?«

Da gerade Sexualität ein Feld ist, in dem sich viele Menschen – auch Wissenschaftler_innen – scheuen konkret zu werden und eher dazu tendieren sich über Andeutungen und Auslassungen auszudrücken, dieses Projekt aber zum Ziel hatte *konkrete* Informationen zum sexuellen Verhalten zu erfassen, erschien ein Wechsel des Interviewstils notwendig. Daher wurde die Vorgabe, offene, nicht-leitende Fragen zu stellen, in den folgenden Interviews zunehmend fallen gelassen und stattdessen wurde stärker auf das verstehende Interviewkonzept von Kaufmann vertraut.

Mit Fortschreiten des Projekts begann ich, verstärkt gezielt mit leitenden Fragen zu arbeiten, um konkretere Antworten zu erhalten. Dazu gehörten auch (zum Teil im Gespräch als solche gekennzeichnete) Suggestivfragen und zusammenfassende Statements (zum Beispiel: »Wenn ich dich richtig verstanden habe, dann ...«). Dabei wurde stark auf wertschätzende Sprache geachtet. So wurde die Gesprächsatmosphäre gelöster, die Gespräche waren flüssiger und informativer. Die Sorge, durch diese Techniken die Ergebnisse zu verzerren bzw. die Antworten der Teilnehmer_innen zu manipulieren, schien sich dabei nicht zu bestätigen. Im Gegenteil: Die Teilnehmer_innen widersprachen, wenn ich etwas falsch verstanden hatte, und stimmten bei korrekter Wiederholung des Gesagten deutlich zu, mit Äußerungen wie: »Ja genau, ja. Ja«. Ambivalente Äußerungen wie ein »hmm. Ja, vielleicht« wurden selbstverständlich nicht als Zustimmung interpretiert. Die Erfahrung dieses Projektes war es, in einen Austausch mit sehr gut informierten, selbstbewussten und reflektierten TN zu treten, die ein aktives Eigeninteresse vertraten, von der Wissenschaft verstanden zu werden, also sich der Welt verstehbar zu machen, oder – mit Butlers Worten – *intelligibel* zu werden (Butler, 2006, S. 23–24).

Nach dem Probeinterview wurde der Interviewleitfaden überarbeitet. Neben der Kürzung auf eine Seite und der Auslagerung der demografischen Fragen auf den Interviewprotokollbogen wurde eine neue Erzählaufforderung für den Einstieg geschaffen: »Was ist denn Sex/Sexualität für dich überhaupt?«

Um zu überprüfen, ob durch die (neue) Interviewmethode das Material erhoben wurde, das für diese Studie interessant war, wurden aus den ersten beiden Interviews nach der Transkription alle Fragen herausgefiltert, die im Verlauf des Interviews gestellt worden waren und mit der Liste der ursprünglichen Fragen abgeglichen, die im ersten Schritt der Leitfadenkonstruktion gesammelt worden waren. Die Fragen waren erstaunlich kongruent und wichen nur in Nuancen voneinander ab.

Helfferich warnt davor, dass der erhöhten Bereitschaft zur Thematisierung von Insider-Inhalten in Peer Research gleichzeitig ein Rückgang an Explikation gegenübersteht: »Je größer der geteilte gemeinsame Erfahrungshintergrund ist, desto verkürzter kann eine Erzählperson sich ausdrücken und sie wird dennoch erwarten, verstanden zu werden« (Helfferich, 2011, S. 122). Dieses Phänomen bestätigte sich auch im Auswertungsgespräch zum Probeinterview. Die Interviewperson gab an, sie sei davon ausgegangen, mir bestimmte Dinge nicht erklären zu müssen, weil ich das entsprechende Vorwissen hätte. Obwohl dies oftmals korrekt ist, birgt es auch die Gefahr von Missverständnissen. Daher wurde in späteren Interviews bzw. Vorgesprächen auf genau diesen Aspekt hingewiesen mit der Ankündigung, ich würde manchmal scheinbar offensichtliche Fragen stellen, um *nicht zu schnell zu verstehen*.

Mit den Audiodateien der Interviews erfolgte eine wörtliche Transkription mit dem Programm easytranscript nach dem einfachen Transkriptionssystem von Dresing und Pehl (2012). Dabei werden Wörter oder Äußerungen mit besonderer Betonung durch GROSSSCHREIBUNG und Sprechpausen durch Auslassungspunkte in runden Klammern – (...) – markiert (ebd., S. 26–28). Zusätzlich wurden Füllwörter wie »irgendwie so«, »vielleicht«, »gewissermaßen«, »ein bisschen« oder »sozusagen« ausgelassen, wenn sie in einem Umfang auftraten, in dem sie die Lesbarkeit des Transkripts sowie den Transkriptionsprozess selbst störten. Für die wörtlichen Zitate wurden die Aussagen noch weiter geglättet und grammatikalisch angepasst. Wenn ein *Gendergap* sprachlich durch einen Glottisschlag ausgedrückt wurde, wurde dieser im Transkript als Unterstrich deutlich gemacht, zum Beispiel als »Sexpartner_in«. »Trans« wurde auch hier adjektivisch bei Personen und substantivisch hinsichtlich abstrakter Nomen verwendet. Es wurde allerdings auf Sternchen im Transkript verzichtet, da die Verwendung oder Nicht-

Verwendung des Sternchens sich aus dem Tonmaterial nicht erschließt. Die Anonymisierung der Transkripte erfolgte während der Transkription. Thematische Exkurse, die sich deutlich von der Fragestellung entfernen, wurden bei der Transkription ausgelassen und als solche gekennzeichnet.

In drei Fällen meldeten sich TN nach dem Interview erneut mit Ergänzungen zum Interview (unabhängig von und noch vor der Feedbackschleife). Einmal handelte es sich lediglich um eine Spezifizierung eines Begriffes. Diese wurde direkt im Text als zusätzliche Anmerkung eingefügt. Zwei TN meldeten sich jedoch mit längeren ergänzenden inhaltlichen Statements. Diese wurden mit Einverständnis der TN jeweils am Ende des Textes in das Transkript eingefügt und somit genauso ausgewertet wie die Interviews selbst.

4 Auswertungsmethode

Die Auswertung der erhobenen Daten erfolgte mit dem Programm MAXQDA Version 2018.2. Als Auswertungsmethode wurde die »inhaltlich strukturierende qualitative Inhaltsanalyse« nach Kuckartz (2018, S. 97–122) ausgewählt. Die inhaltlich strukturierende qualitative Inhaltsanalyse ist ein flexibles Verfahren, das den Forscher_innen Gestaltungsspielraum lässt. In der Originalbeschreibung von Kuckartz findet sie in sieben Phasen statt, die aber je nach Forschungsdesign angepasst werden können. Es folgt die Beschreibung des letztlich durchgeführten Vorgehens.

Zu jeder_m TN wurden zwei bis drei Datenquellen angelegt, in MQXQDA *Dokumente* genannt und zu Datensätzen *(Sets)* zusammengefasst. Dies umfasste die Transkripte der Interviews sowie die demografischen Daten aus den Interviewprotokollbögen. In der partizipativen Feedbackschleife wurde gegebenenfalls eine dritte Datenquelle hinzugefügt, die hier *ergänzende Statements* genannt werden. Von dieser Option machten jedoch nicht alle TN Gebrauch.

Zu Beginn der Auswertung nach Kuckartz erfolgt die sogenannte initiierende Textarbeit, die den Forschenden dazu dienen soll, sich mit den vorliegenden Texten vertraut zu machen. Dies wurde im vorliegenden Fall bereits durch die eigenständig durchgeführten Interviews sowie die eigenständig durchgeführte Transkription abgedeckt. Die von Kuckartz in dieser Phase empfohlenen Fallzusammenfassungen wurden auf einen späteren Zeitpunkt in der Auswertung verschoben. Im Anschluss wurden die Texte thematisch codiert. Dabei wurde auf ein mittleres bis hohes Abstraktionsniveau der Kategorien abgezielt (Kuckartz, 2018, S. 83). Als Codiereinheit wurden Sinneinheiten festgelegt, die auch außerhalb des Kontextes noch verstehbar sind und in der Regel mindestens einen vollständigen Satz beinhalten (ebd., S. 84, 104). Danach wurden deduktiv drei Hauptkategorien für die Auswertung aus der Fragestellung abgeleitet, wobei jede Teilfrage zu einer Hauptkategorie wurde. Die Hauptkategorien lauten

1. individuelle Sexualität,
2. Strategien und Ressourcen,
3. sexueller (und geschlechtlicher) Lernprozess.

Im Anschluss wurden induktiv Subkategorien direkt am Material entwickelt. Dies erfolgte anhand von Kuckartz' »Guideline für die Kategorienbildung am Material« (ebd., S. 83–96). Kuckartz empfiehlt, für die induktive Kategorienbildung einen Teil des Materials sequenziell durchzuarbeiten, bis eine Sättigung erreicht ist, das heißt bis keine bzw. kaum neue Kategorien mehr auftreten. Erst dann solle das Kategoriensystem endgültig festgelegt und definiert werden. Dafür benötige es in der Regel zehn bis 50 Prozent des Materials (ebd., S. 86). Dies wurde umgesetzt, indem zunächst zwei inhaltlich besonders stark kontrastierende Interviews induktiv durchgearbeitet wurden, also gut ein Drittel des Materials. Dabei trat jedoch lediglich in der ersten Hauptkategorie *individuelle Sexualität* eine gewisse Sättigung bei der Kategorienbildung ein. Daher wurde zunächst nur diese Kategorie sortiert und im Anschluss zwei weitere Interviews induktiv codiert. Danach war die zweite Hauptkategorie *Strategien und Ressourcen* so weit gesättigt, dass eine Sortierung möglich wurde. Die dritte Hauptkategorie konnte erst nach einem Durchlauf durch das gesamte Material sortiert werden.

Sortieren bedeutet an dieser Stelle, dass die Fülle an entstandenen Subkategorien thematisch gruppiert und zusammengefasst wurde. Dafür wurde unter anderem das Tool »Creative Coding« in MAXQDA verwendet. Dabei entstand eine weitere Ebene im Kategoriensystem zwischen Haupt- und Subkategorien, die in diesem Projekt einfach *Kategorie* genannt wurde. In seltenen Fällen enthalten Subkategorien noch weitere Unterkategorien, die in der Regel allerdings nicht mehr definiert, sondern später in der Kategorienbeschreibung der Subkategorien nur noch als *Ausprägung* erwähnt wurden. Die hierarchische Gliederung des Kategoriensystems ist damit wie folgt:

- Hauptkategorie, HK
- Kategorie, K
- Subkategorie, SK
- ggf. Subsubkategorie, SSK oder *Ausprägung*

Im Anschluss an den Sortierprozess wurde das vorläufige Kategoriensystem mit verschiedenen Peers diskutiert, geprüft und nochmals überarbeitet. Danach wurden die Kategorien des endgültigen Systems definiert und als Codebuch aus MAXQDA exportiert. Kuckartz' Anleitung zur Kategoriendefinition ist flexibel. Er empfiehlt:

> »Eine Kategoriendefinition muss mindestens die Bezeichnung der Kategorie und eine inhaltliche Beschreibung beinhalten. Darüber hinaus ist es sehr nützlich, wenn zudem Indikatoren, konkrete Beispiele aus den Daten und Abgrenzungen zu benachbarten Kategorien enthalten sind« (Kuckartz, 2018, S. 67).

Demzufolge besteht jede Kategoriendefinition im Codebuch dieses Projekts zumindest aus dem Titel der Kategorie sowie einer inhaltlichen Beschreibung. Die restlichen Elemente wurden flexibel gehandhabt. Wenn zum Beispiel Indikatoren ein gutes Bild davon gaben, wann die Kategorie zu codieren sei, wurde auf ein Beispiel aus dem Datenmaterial verzichtet und andersherum. Abgrenzungen zu anderen Kategorien wurden nur eingesetzt, wenn sie ansonsten miteinander zu verwechseln gewesen wären. Manchmal wurde mit der Abgrenzung auch die Überschneidung mit einer anderen Kategorie benannt, insbesondere wenn Textstellen mehrfach unter unterschiedlichen Aspekten codiert wurden.

In der Regel wurden nur die ersten drei Hierarchieebenen definiert. Manche SSK wurden jedoch trotzdem definiert, weil sie für die Fragestellung entsprechend wichtig sind. Ein Beispiel: *Oralsex* ist eine SSK der Subkategorie *Sexpraktiken*, aus der Kategorie *die praktische Ebene* in der Hauptkategorie *individuelle Sexualität*. Die unterschiedlichen Sexpraktiken der TN wurden als hinreichend wichtig erachtet, um die jeweiligen Kategorien zu definieren, auch wenn es sich technisch gesehen um eine Kategorie der vierten Hierarchieebene handelt.

Die restlichen Subsubkategorien (SSK) wurden nur als *Ausprägungen* in der Kategoriendefinition der dritten Ebene benannt. Ein Beispiel: *Die Bedeutung von Sexualität* ist eine Subkategorie von *die Bedeutungs- oder Sinnebene* in der HK1 *individuelle Sexualität*. Sie beinhaltet verschiedene SSK, die in der Kategorienbeschreibung als *Ausprägungen* benannt werden, aber nicht als eigenständige Kategorie definiert wurden wie zum Beispiel *persönliche Definition von Sex*, *Sex als positive Lebensenergie* oder *Sex als Ganzkörpererfahrung*.

In einzelnen Fällen wurde in der Kategoriendefinition auch auf *Inkonsistenzen* hingewiesen, in denen einzelne codierte Stellen der Logik des Codesystems widersprachen, es aus pragmatischen Gründen aber sinnvoller erschien, diese Inkonsistenz zu belassen. Auf die entsprechenden Stellen wird im Ergebnisteil hingewiesen. Die Kategoriendefinitionen in dieser Arbeit beinhalten also folgende Aspekte:

- Kategorienbezeichnung
- inhaltliche Beschreibung
- ggf. Abgrenzung
- ggf. Überschneidung
- ggf. Beispiel(e)
- ggf. Indikatoren
- ggf. Ausprägungen
- ggf. Inkonsistenz

In jeder Kategorie wurde immer auch eine unspezifische Subkategorie *Sonstiges* geschaffen. Im Anschluss an die Definition des Codesystems wurde das gesamte Datenmaterial einem zweiten Codierdurchlauf unterzogen.

5 Partizipative Feedbackschleife

Im Folgenden werden die Entwicklung, das Design und der Verlauf der partizipativen Feedbackschleife beschrieben. Die partizipative Feedbackschleife dient der Qualitätssicherung und soll mehrere Funktionen erfüllen:

- Es soll verhindert werden, dass die Aussagen der TN missinterpretiert werden, zum einen auf einer ganz pragmatischen Ebene (beispielsweise bei Versprechern), zum anderen auf einer forschungsideologischen. Das recht plakative Beispiel, das gegenüber den TN zur Erläuterung verwendet wurde, war folgendes: Es wäre illegitim aus der Tatsache, dass die TN keine Genitalangleichung anstreben, zu schlussfolgern, dass Genitalangleichungen an sich unnötig seien und demnach von den Krankenkassen nicht mehr übernommen werden müssten. Eine solche Interpretation wäre unethisch und wahrscheinlich auch nicht im Interesse der TN.
- Weiterhin sollen die TN als Expert_innen ihrer selbst und ihrer Communities anerkannt werden. Ihr Feedback zu den Ergebnissen steigert damit die Gesamtqualität der Interpretation.

- Das Vertrauen der TN in den Forschungsprozess soll gesteigert werden. Mit dem Wissen, ein Stück Kontrolle über die Ergebnisse zu haben, sollen sie ermutigt werden, auch Dinge auszusprechen, die sie unter anderen Umständen möglicherweise zurückhalten würden, aus Angst die Aussagen könnten sinnentstellt wiedergegeben werden.
- Die TN sollen als aktive Subjekte im Forschungsprozess anerkannt werden. Dies dient dem Empowerment und soll andererseits mit entmündigenden Forschungstraditionen brechen, nach denen es üblich war und ist, *über* Menschen zu sprechen und zu forschen statt *mit* ihnen. Die forschende Person wird außerdem gezwungen, wertschätzend und respektvoll über ihre TN zu schreiben, da diese die über sie produzierten Texte selbst sichten.

Aufgrund dieser Funktionen wäre es eigentlich notwendig gewesen, den TN die Ergebnisse sowie deren fertige Interpretation in der Feedbackschleife vorzulegen. Dies ließ sich aus zeitlichen und praktischen Gründen jedoch nicht bewerkstelligen. Auch wäre es weder verantwortlich noch zumutbar, und damit auch nicht partizipativ, gewesen, den TN die Lektüre von über 30 Seiten Text aufzubürden. Letztendlich steckt bei aller Sorgfalt im Kategoriensystem und dem gesamten Forschungsdesign jedoch schon so viel interpretatorische Arbeit, dass es als hinreichend erachtet wurde, nur die Ergebnisse mit den TN zu teilen. Auch hier dient die Feedbackschleife wieder als qualitätssteigerndes Korrektiv: Werden das Kategoriensystem und der Ergebnisteil von den TN als valide angesehen, so ist davon auszugehen, dass auch die darin bereits enthaltenen Interpretationen legitim sind und keine Verzerrung der Ergebnisse darstellen.

Es wurden verschiedene Designs für die Feedbackschleife entworfen und verworfen. Die Schleife musste ausführlich genug sein, um den TN einen realistischen Einblick in die Forschungsergebnisse zu gewährleisten und gleichzeitig knapp genug, um zeitlich für TN und Forschenden zu bewerkstelligen zu sein. Weiterhin musste eine funktionale Methode gefunden werden, das Feedback auch einzuspeisen und die Ergebnisse gegebenenfalls entsprechend anzupassen. Die Ideen für die Schleife wurden – in einem weiteren partizipativen Element – der Probeinterviewperson in einem erneuten Treffen vorgestellt und mit ihr diskutiert. Damit wurde auch hier aus Teilnehmer_innenperspektive ein Feedback dazu eingeholt, welche Idee am besten geeignet sei.

Nach dem ersten, induktiven Codierdurchlauf wurde zu jeder_m TN eine »Fallzusammenfassung« oder »Case Summary« anhand der codierten Textstellen geschrieben (Kuckartz, 2018, S. 58–62). Die Case Summaries bilden die Grundlage für die partizipative Feedbackschleife und haben letztendlich als *Biografien* Eingang in dieses Buch gefunden. Jeder_m TN wurde die eigene Biografie ausgehändigt. Damit sie diese in den Kontext des Forschungsprojekts und der Ergebnisse einordnen konnten, wurde außerdem eine Zusammenfassung der Ergebnisse und Methodik auf wenigen Seiten für die TN erstellt. Dabei wurde auf eine möglichst gut verständliche Sprache geachtet. Beide Texte wurden den TN je nach Präferenz vorab zugestellt oder direkt in einem persönlichen Gespräch bei einem weiteren Treffen ausgehändigt. Dabei wurden sie eingeladen, bei Bedarf *ergänzende Statements* zu formulieren, die als weiterer Datensatz in MAXQDA eingespeist werden und damit Teil des Datenmaterials würden. Es erfolgte der Hinweis, dass auch Korrekturen der bisher gemachten Aussagen als zusätzliches Statement aufgenommen werden könnten. Als Notfalllösung wurde auch ein rein schriftlicher Austausch per E-Mail angeboten.

Zwei TN nahmen das Angebot eines persönlichen Treffens in Anspruch. Mit einem TN fand ein Gespräch am Telefon statt. Zwei TN teilten schriftlich mit, dass sie mit den Ergebnissen zufrieden seien und keinen Ergänzungsbedarf sähen und mit einer TN erfolgte der Austausch schriftlich. Insgesamt vier TN formulierten ergänzende Statements, wobei eines erst ganz zum Schluss, bei der Freigabe der Interviewzitate erfolgte. Die ergänzenden Statements wurden als weiterer Datensatz in MAXQDA eingespeist, ihrem jeweiligen Set hinzugefügt und entsprechend ausgewertet. Die Biografien wurden gegebenenfalls angepasst. In einem Fall ergaben sich durch die Feedbackschleife deutliche Verschiebungen innerhalb der demografischen Daten und der Abschnitt zum theoretischen Sampling musste entsprechend angepasst werden. So stellte sich der_die einzige homosexuelle TN in der Feedbackschleife als pansexuell und queer heraus, obgleich die Person sich im initialen Interview deutlich als homosexuell positioniert hatte. Das bedeutet hingegen nicht, dass diese Aussage im Interview deshalb weniger *wahr* oder weniger authentisch gewesen wäre. Es erinnert aber daran, dass qualitative Interviews Momentaufnahmen sind und dass die Aspekte menschlichen Erlebens, die uns im Januar wichtig sind, vielleicht nicht die gleichen sind wie die, die wir im Juni betonen – insbesondere in einem so subjektiven Feld wie sexuelle Orientierung oder Geschlechtsidentität.

Für die Freigabe der wörtlichen Zitate wurde eine PDF-Version des Ergebnisteils erstellt und versandt, in dem die Pseudonyme der TN jeweils mit einer eigenen Farbe markiert waren. Dadurch konnten die TN direkte Zitate und andere Stellen, an denen sie namentlich erwähnt wurden, beim durchscrollen der Datei zügig auffinden, ohne den gesamten Ergebnisteil lesen zu müssen. Hierfür war im Vorfeld eine Rücklauffrist von einer Woche vereinbart worden, in der eine ausbleibende Antwort eine Freigabe bedeutete. Die Mehrheit der TN meldete sich trotzdem mit einer expliziten Freigabe zurück, wobei einige die Gelegenheit nutzten, ihre generelle Zufriedenheit mit den Ergebnissen auszudrücken. Eine TN meldete Änderungsbedarfe an. Drei Stellen im Ergebnisteil würden ihre Position bzw. Lebensrealität nicht adäquat widerspiegeln. Die Korrekturwünsche wurden als ergänzende Statements aufgenommen. Hierfür wurde die Feedbackschleife wieder geöffnet und der Ergebnisteil entsprechend angepasst.

Insgesamt haben damit alle TN in ein oder anderer Form von der Möglichkeit ergänzender Statements Gebrauch gemacht. Dies geschah entweder unaufgefordert als Nachtrag zum Interview noch vor der eigentlichen Feedbackschleife, in der Feedbackschleife oder eben auch danach, in der Freigaberunde. Damit gab es im Endeffekt zwei Feedbackschleifen. Das zeigt einerseits, wie wichtig Feedbackschleifen bzw. partizipative Elemente in der empirischen Forschung sind, andererseits kann zuverlässig davon ausgegangen werden, dass die Ergebnisse tatsächlich widerspiegeln, was die TN ausdrücken wollten.

V Ergebnisse

Aus den drei Teilforschungsfragen wurden deduktiv drei Hauptkategorien abgeleitet. Die erste Hautkategorie beschreibt die *individuelle Sexualität* der TN. *Strategien und Ressourcen* beleuchtet, wie es den TN gelingt den scheinbaren Widerspruch von Geschlechterrolle und Körperlichkeit zu überbrücken. Die Kategorie umfasst neben Strategien auch kognitive, emotionale und soziale Ressourcen, welche die TN stärken. Im Abschnitt *sexueller (und geschlechtlicher) Lernprozess* wird herausgearbeitet, wie die TN ihre eigene Entwicklung hin zum jetzigen Punkt beschreiben und zuletzt ein kurzer Blick auf vorhandene Belastungen geworfen. Die folgende Tabelle gibt einen Überblick über die Teilnehmer_innen, ihre geschlechtliche Selbstverortung und sexuelle Orientierung. Das bevorzugte Pronomen der TN wird dabei mit aufgeführt, obwohl es für unbedarfte Leser_innen zunächst offensichtlich erscheinen mag. Tatsächlich ist es für Trans*-Kontexte jedoch eher ungewöhnlich, dass sich alle Beteiligten einem der beiden gängigen Pronomen zuordnen.

Name	Pronomen	geschlechtliche Verortung	sexuelle Orientierung
Moritz	er	trans*-männlich queer, zwischen binär und non-binär	queer; nicht hetero, homo oder bi
Benny	er	trans* Mann, non-binär	eher pansexuell
Mr. B	er	Mann mit Transitionshintergrund, binär	schwul, queer, pansexuell
Eva	sie	trans* Frau, binär	hetero
Lucia	sie	n. a. (nicht anwendbar)	n. a.
Julia	sie	trans*-feminin, non-binär	queer

Tabelle 1: Teilnehmer_innen

1 Individuelle Sexualität

In der Hauptkategorie *individuelle Sexualität* wurden induktiv vier Kategorien herausgearbeitet, die verschiedene Ebenen von Sexualität beleuchten: *Die Bedeutungs- und Sinnebene* betrachtet, welche Bedeutung die TN bestimmten Aspekten zuschreiben und wie diese Zuschreibungen zum Teil von gesellschaftlichen Normen abweichen. *Die praktische Ebene* bezieht sich auf sexuelles Handeln und Erleben. Unter *Interaktion und Dynamik* fällt alles, was sich auf die Begegnung mit einem sexuellen Gegenüber bezieht, und *Haltung und Werte* beschreibt die individuellen Wertesysteme der TN.

Die *Bedeutungs- bzw. Sinnebene* umfasst verschiedene Aspekte: zum einen die Bedeutung von Sexualität für die TN, darunter auch ihre persönlichen Definitionen von Sex und Sexualität, aber auch ihre sexuelle Orientierung. Zum anderen wird auch die Bedeutung der Transgeschlechtlichkeit für die sexuellen Möglichkeiten, die Bedeutung von Geschlechtsmerkmalen für die TN und die von sexuellen Akten beleuchtet:

Die TN haben weite Definitionen von Sex und Sexualität. Das Verständnis von Sex schließt zwar oftmals genitale Stimulation ein, ist aber nicht beschränkt auf Penetration, sondern wird eher an sexueller Erregung festgemacht, zum Beispiel: »Für mich zählt unter Sex jegliche Intimität, die in irgendeiner Art und Weise erotisch aufgeladen ist« (Benny). Mehrere TN betonen, dass Sex für sie eine Ganzkörpererfahrung sei, die nicht auf Genitalienstimulation beschränkt ist. Sexualität hat für die TN unterschiedliche Bedeutungen und Funktionen. So kann Sexualität positive Lebensenergie oder soziale Interaktion bedeuten. Sie erfüllt aber auch Funktionen wie Selbsterfahrung oder die Befriedigung eines Bedürfnisses nach Nähe.

Die eigene Transgeschlechtlichkeit oder Transition kann dabei sowohl als Chance verstanden werden, durch die sich die TN zum Beispiel neue sexuelle Räume bzw. Communities erschließen, sie kann aber auch als Barriere wahrgenommen werden. So berichten mehrere TN, die vor ihrer Transition lesbisch bzw. schwul gelebt haben und lesbische Frauen bzw. schwule Männer nach wie vor attraktiv finden, dass diese sich nun oftmals nicht mehr für sie interessierten oder sie nicht mehr als potenzielle Partner_innen erkennen.

Die sexuellen Orientierungen der Teilnehmer_innen sind vielfältig und erscheinen auf den ersten Blick nicht immer widerspruchsfrei. So bezeichnet sich Mr. B in manchen Kontexten als schwuler Mann und ist in einer langjährigen Liebesbeziehung mit einer lesbischen Frau; daher verwendet er für sich auch die Begriffe queer und pansexuell. Lucia bezeichnet sich gelegentlich als schwule Frau, denn mit der Transition habe sie ihre schwule Identität nicht abgelegt, sondern ausgeweitet. Auch Moritz, Benny und Julia betonen queere Aspekte in Bezug auf ihre sexuelle Orientierung. Eva hingegen positioniert sich als heterosexuell und betont, dass auch ihre Partner in der Regel heterosexuelle Männer waren.

Genitalien haben für die TN nicht die geschlechtsanzeigende Bedeutung, die ihnen gesellschaftlich zugeschrieben wird. Eva sagt: »Also der [Penis] hat mich nie gestört. Weil mein Frausein nicht davon abhängig war, was ich zwischen den Beinen habe. Das Frausein war für mich mehr, oder anderes.«

Ähnliches gilt für die Bedeutung von sexuellen Akten. Mit dem eigenen Penis zu penetrieren oder mit der eigenen Vagina aufzunehmen ist für die TN kein spezifisch männlicher oder weiblicher Akt – es ist ein sexueller Akt. Mehrere TN berichten jedoch, sich diese Haltung erst im Laufe der Zeit erarbeitet zu haben. Außerdem kann der Zugang zu dieser Deutung kontext- und situationsspezifisch sein. So berichtet Moritz, vor und nach seiner Transition rezeptiv aufnehmenden Vaginalverkehr praktiziert zu haben, allerdings nicht währenddessen. Lucia berichtet, sich aktive Penetration von maskulinen Personen erarbeitet zu haben, bei Frauen könne sie das jedoch noch nicht: »Weil das für mich zu heterosexualisierend ist und dann folglich zu maskulinisierend. Ja, das will ich mir ganz gerne noch erarbeiten.«

Die *praktische Ebene* umfasst einerseits, wo und wie Sex stattfindet, welche Praktiken dabei zum Einsatz kommen, welche Rolle Orgasmen und Selbstbefriedigung einnehmen und was für die TN schlechten Sex ausmacht. Ein Exkurs widmet sich dem Thema BDSM, auch wenn dies streng genommen nicht ausschließlich Teil der praktischen Ebene wäre.

Interessant ist, in welchen Settings Sex stattfindet. Zwar lebt eine Mehrheit der TN in langfristigen Beziehungen, das bedeutet aber nicht, dass Sexualität ausschließlich oder auch nur überwiegend dort stattfindet. Nur ein_e TN lebt in einer monogamen Beziehung, die anderen befinden sich in unterschiedlichen offenen Konstellationen. Moritz beschreibt seine Beziehungskonstellation folgendermaßen: »Ich bin in EINER Beziehung, habe aber noch mehrere Menschen, so ungefähr drei, mit denen ich mehr oder weniger regelmäßigen Sex und da auch Arten von Beziehung habe.«

Andere TN berichten von verbindlichen Sexfreundschaften, die zum Teil über mehrere Jahre gehen oder sie leben ihre Sexualität in Affären aus. Für eine Mehrheit der TN spielt außerdem Gelegenheitssex eine Rolle. Hier berichten sie allerdings weniger von One-Nights-Stands, sondern eher vom Aufsuchen subkultureller Orte, die explizit auf sexuelle Begegnungen ausgerichtet sind: Sexparties, aber auch Playparties, Saunen und Sexclubs. Dies wird auch kombiniert. So berichtet Mr. B, regelmäßig mit seinen Gegenübern in schwule Saunen oder Sexclubs zu gehen, dass dies aber nicht automatisch bedeute, dort auch gemeinsam Sex zu haben. Manchmal gehe auch jeder seiner Wege, man treffe sich zwischendurch oder habe gemeinsam Sex mit mehreren Personen.

Das sexuelle Repertoire der TN ist tendenziell breit angelegt. Bemerkenswert dabei ist, wie unabhängig die sexuellen Praktiken der TN von Geschlechterbildern sind. So berichten fast alle TN, ihre Genitalien auf die Art und Weise in ihre Sexualität einzubeziehen, wie es von trans* Personen eher nicht erwartet wird: Sie praktizieren rezeptiv-aufnehmend vaginalen Verkehr als trans*-maskuline oder penil-insertiven Verkehr als trans*-feminine Personen. Gleichermaßen praktizieren alle trans*-männlichen TN auch insertiven und die trans*-weiblichen TN auch rezeptiven Verkehr. Die Vorlieben variieren dabei. So berichtet Benny, seine größere Sehnsucht gehe zum aufnehmenden Verkehr, und zwar danach »einfach gefickt zu werden«. Er bevorzuge dabei aber insgesamt anale gegenüber vaginaler Penetration. In der insertiven Rolle jedoch möge er beides gleichermaßen. Tatsächlich praktizieren fast alle TN auch aufnehmenden Analverkehr. Auch Oralverkehr wurde häufig genannt, oftmals mit Gefallen sowohl an dem rezeptiven als auch an dem ausführenden Part. Neben Mund und Genitalien werden auch Hände auf ganz unterschiedliche Weise eingesetzt, von Fingern und Fisting bis hin zu zärtlichen Berührungen am Genital – oder am gesamten Körper. Insgesamt betonen mehrere TN, dass Sex für sie eine Ganzkörpererfahrung sei, die sich nicht auf Genitalienstimulation beschränke. Lucia beschreibt es folgendermaßen:

> »Man baut einfach so verschiedene Zentren von Stimulation auf. Und ich finde das ist einfach für mich eine intensivere Erfahrung, als wenn man nur ein Zentrum hat, was jetzt bei Penetration meistens der Fall ist.«

Schließlich kommen auch Körpererweiterungen in Form von Sex-Toys zum Einsatz. Die trans*-männlichen TN berichten, in unterschiedlichem Maße Strap-on-Dildos für die Penetration einzusetzen. Ein TN beschreibt außerdem einen Masturbator, der speziell für trans* Männer designt wurde und über die vergrößerte Klitoris gestülpt wird, um Unterdruck zu erzeugen.

Alle TN berichten, beim Sex Orgasmen zu erleben und diese auch zu genießen. Sie spielen jedoch eine unterschiedlich große Rolle. Während zum Beispiel Moritz dem Orgasmus eine übergeordnete Rolle zuweist, betont Benny, wie sehr es ihn befreit habe, sich von dem Orgasmus als Ziel von Sexualität zu lösen. Lucia unterscheidet zwischen unterschiedlichen Formen des Orgasmus. Während sie bei analen Orgasmen eine Form der Euphorisierung erlebe, empfinde sie Orgasmen durch aktive Penetration als belanglos, beziehungsweise gar als »eine Verschwendung [...] von Empfindsamkeit«.

Masturbation war nicht in allen Interviews ein Thema. Wenn es jedoch zur Sprache kam, wurde Masturbation als fester, integraler Bestandteil der eigenen Sexualität benannt. Da die Studie insgesamt darauf fokussiert, was für die TN *guten Sex* ausmacht, wurde auch jeweils nach dem Gegenpol gefragt: danach, was sie als *schlechten Sex* erleben. Hier wurden einerseits zu viel oder zu wenig Absprachen benannt, fehlende oder misslingende Kommunikation, fehlender Kontakt zum Gegenüber sowie Rollenerwartungen, die an die TN herangetragen wurden und die sich für sie unpassend anfühlten. Kurz: Der Sex wird als schlecht empfunden, wenn die Verbindung zum sexuellen Gegenüber nicht stimmig ist.

Exkurs: BDSM

Streng genommen gehört *BDSM* nicht zur *praktischen Ebene*, sondern zieht sich als Querschnittsthema durch alle Ebenen hindurch. Obgleich es nicht im Interviewleitfaden vorgesehen war, war das Thema BDSM in den Interviews erstaunlich präsent. Fast alle TN berichten, (zum Teil über viele Jahre) BDSM zu praktizieren, praktiziert zu haben oder zumindest Erfahrungen in diesem Bereich zu haben. Manche nehmen dabei eine strikte Trennung zwischen BDSM-Spiel und Sex vor, für andere geht beides fließend ineinander über. Ein TN formuliert:

> »Also ich glaube, wenn man auf Sexparties geht, ist der Schritt zum BDSM nicht mehr so weit. [...] Mein Eindruck ist, dass Menschen, die es schaffen offen mit ihrer eigenen Sexualität umzugehen, auch offener dafür sind, auch mal in das breite Feld von BDSM reinzuschnuppern« (Benny).

Dabei spiegeln sich Tendenzen, die die TN über ihr Sexualverhalten beschreiben, auch an vielen Stellen im BDSM. So sind die TN tendenziell offen dafür, sowohl dominante als auch submissive Rollen einzunehmen. Mehrere TN berichten davon, eigentlich eine submissive Rolle zu bevorzugen, dass es allerdings nicht einfach sei, einen geeigneten Top zu finden, der Dominanz glaubwürdig verkörpern könne. Mehrere TN betonen, dass BDSM ihnen in ihrer sexuellen und geschlechtlichen Entwicklung bzw. Selbstfindung weitergeholfen habe. Gerade in Bezug auf BDSM (aber nicht nur dort) betonen die TN Aspekte von Konsens, Fürsorge und Selbstfürsorge.

Die *Interaktions- und Dynamikebene* umfasst die sexuellen Rollen der TN, was sie in sexuellen Gegenübern suchen, wie sie mit diesen in Interaktion treten und wie dabei sexuelle Bedürfnisse verhandelt werden.

Ähnlich wie in Bezug auf BDSM sind die meisten TN flexibel in ihren *sexuellen Rollen*, also ob sie beispielsweise aufnehmend oder insertiv Sex haben oder ob sie das Geschehen eher lenken oder sich lenken lassen. Diese Dinge müssen allerdings nicht zusammenfallen. Mr. B sagt: »Also [lenken,] in welche Richtung ich das haben will, das tue ich immer noch, also auch wenn ich mich ficken lasse«. Auch stellen die TN selbst nur einen geringen bis keinen Zusammenhang zwischen ihrer sexuellen Rolle und ihrer Geschlechtsidentität her oder es wird stark differenziert. So betont Eva beispielsweise anfangs nur rezeptiven Verkehr praktiziert zu haben, denn »als Frau ist man nicht aktiv. Als Frau ist man passiv. Man empfängt«. Mit der Zeit habe sie diese Position jedoch revidiert, da ihre Partner sich wünschten, selbst auch rezeptiv zu sein und ihr dabei das Gefühl gaben, sie voll und ganz als Frau zu sehen. Evas Weiblichkeit sei für ihre Gegenüber wichtig gewesen, um selbst in eine rezeptive Rolle gehen zu können: »Ich denke [...], dass sie schon diese Vorstellung brauchen, ich habe irgendetwas Weibliches in mir, über mir, neben mir. Das ist, glaube ich, nicht unwichtig.« Die Bestätigung der Geschlechtsidentität durch das Gegenüber kann somit Raum für Praktiken eröffnen, die geschlechtsrollenuntypisch sind. Tatsächlich betonen mehrere TN, wie wichtig es sei, ein Gegenüber zu finden, das die eigene Geschlechtsidentität akzeptiere und bestärke, unabhängig von den körperlichen Gegebenheiten. So formuliert Benny:

> »In erster Linie versuche ich, keinen Sex mit Menschen zu haben, die [heteronormative] körperliche Bilder haben. Und das ist durchaus auch ein Punkt, weshalb ich bei cis Männern echt vorsichtig bin, inwiefern ich mich darauf einlasse, weil genau das die Angst ist. [...] Weil, wenn [...] so eine Dynamik entsteht von, ein cis Mann hat mit mir Sex und sieht mich [...] als Frau, würde das für mich sofort zum Abbruch führen. Wahrscheinlich habe ich deswegen auch viel mit trans Männern Sex, weil ich mir da sicher sein kann, dass sie auch mich als Mann lesen.«

Auch betonen viele TN, wie wichtig ein guter Kontakt bzw. eine gute Verbindung zum Gegenüber für guten Sex sei. Hier betonen manche TN einerseits kognitive Aspekte wie gemeinsame Interessen oder ein gemeinsames politisches Grundverständnis, aber auch körperliche Kompatibilität:

> »Also nur jetzt das Fühlen und Spüren. Und die Lust des anderen auch zu spüren, das war auch immer ganz wichtig. Wenn man gemerkt hat wie jemand abfährt auf irgendwas. Das hat einen ja dann auch immer noch animiert, nicht« (Eva).

Fehlender Kontakt hingegen wird als Hindernis erlebt und als einer der Hauptgründe für schlechten Sex angeführt. Die TN formulieren, sich oft nicht nur an der eigenen Lust, sondern auch an der des Gegenübers zu orientieren. So berichten einige, dem Gegenüber gelegentlich sexuelle Wünsche zu erfüllen, die nicht unmittelbar in ihrem eigenen Interesse liegen, aber gegebenenfalls über die sexuelle Erregung des Gegenübers dazu führen, dass sie selbst Lust erleben.

Zuletzt sei hier noch erwähnt, dass alle TN über Kommunikation und Aushandlungsprozesse in der Sexualität sprechen. Denn einerseits müssen gerade offene Beziehungskonzepte besprochen und verhandelt werden, andererseits muss auch in der sexuellen Situation selbst über Sex kommuniziert werden:

> »Also, man muss ja zusammen herausfinden, was man gerne macht. Und das muss man sich irgendwie mitteilen. Selbst wenn man das nicht mit Reden macht, sondern mit irgendetwas anderem. Und das gilt, glaube ich, für alle« (Moritz).

Die TN sprechen explizit und implizit[10] über *Haltung und Werte* in der Sexualität. In dieser Kategorie wurden insbesondere Einstellungen zu (Nicht-)Monogamie, Konsens und (Selbst-)Fürsorge, sexueller Kultur, Cis- und Heteronormativität sowie Verschwiegenheit herausgearbeitet. Oftmals weichen Haltung und Werte der TN von gesellschaftlichen Standards ab. So lebt der Großteil der TN in offen nicht-monogamen Konstellationen, von sexuell offenen, festen Primärbeziehungen zu langjährigen, verbindlichen Sex-Freundschaften. Entsprechend beschreiben oder betonen sie jedoch, dass und wie diese Abweichungen von gesellschaftlichen Normen verhandelt werden – und dass der getroffenen Vereinbarung gefolgt wird, auch wenn sie nicht den eigenen Wünschen entspricht. Lucia formuliert:

> »Also das ist ein Streitthema. Oder es ist ein Thema, mit dem wir uns ausführlich befassen. Wir haben da schon Regeln zu. In der Ten-

10 Der Begriff *implizit* wird hier verwendet, wenn zum Beispiel ein_e TN nicht betont, für ihn_sie sei offen gelebte und auf ethischen Prinzipien basierende Polyamorie das Beziehungskonzept der Wahl, sondern ganz selbstverständlich darüber spricht, er_sie habe mehrere Partner_innen, die natürlich voneinander wüssten.

> denz wünscht sich mein Partner schon, dass ich nur Sex habe mit Personen, die ich nicht so gut kenne, also diesen Gelegenheitstreffen. Aber gleichzeitig existiert von meiner Seite auch ein Interesse daran, mit Leuten Sex zu haben, die ich kenne oder schon ein bisschen kenne und ich habe ihn darum gebeten, einen Rahmen dafür zu finden, in dem man das vielleicht auch ausleben kann […].«

Weiter beziehen sich einige TN wiederholt implizit auf den BDSM-Grundsatz *safe, sane and consensual* – indem sie beschreiben, wie implizite oder explizite Konsensverhandlungen in sexuellen Begegnungen stattfinden, indem sie betonen, wie sie auf die eigene Sicherheit oder die ihres Gegenübers achten, oder indem sie sich vom Genuss bewusstseinsverändernder Substanzen – wie zum Beispiel Alkohol – in Verbindung mit Sexparties abgrenzen. Insbesondere der Aspekt der Selbstfürsorge wird von den TN betont. Das bedeutet, auf sich, den eigenen Körper und dessen Signale zu achten und sich nur in solche sexuellen Situationen zu begeben, die gerade für die eigene seelische Verfassung passend sind – oder im Nachgang zu reflektieren, wenn dies nicht der Fall war.

Insgesamt lässt sich beobachten, dass viele TN einem eigenen, subkulturellen Wertesystem zu folgen scheinen. Auch sind sie in unterschiedliche sexuelle Subkulturen eingebettet, die sich überschneiden können. Einige TN haben auch explizit auf Kulturunterschiede zwischen ihren verschiedenen Subkulturen hingewiesen. So beschreiben Mr. B und Lucia unabhängig voneinander einen spezifischen Unterschied zwischen schwuler Community und der FLT-Szene[11], nämlich »erst fragen, dann anfassen« (Mr. B). Dieser Grundsatz gelte für die FLT-Szene, während in schwulen Kontexten Konsens oft nonverbal gerade durch Anfassen und Körpersprache verhandelt würde. Benny be-

---

11 FLT ist ein Community-Begriff und steht für »Frauen Lesben Trans*«, heute manchmal auch als FLIT (»Frauen Lesben Inter Trans*«) oder, ganz neu, FLINT (»Frauen Lesben Inter Non-binär Trans*«).

schreibt, wie ihm explizit eine sexuelle Kultur vermittelt worden sei. Er sei beim Besuch seiner ersten Sexparties von erfahreneren Besucher_innen sehr behutsam und einfühlsam eingeführt worden und habe dabei vermittelt bekommen, »wie Sex anders sein kann«.

Die queeren Teilnehmer_innen grenzen sich in den Interviews auch auf unterschiedliche Arten bewusst von hetero- bzw. cisnormativen Positionen der Mehrheitsgesellschaft ab und zeigen darin einen hohen Grad an reflektierender und auch intellektueller Auseinandersetzung. *Queer sein* bzw. die Distanzierung von Cis- und Heteronormativität ist für viele TN ein eigener Punkt in ihrem persönlichen Wertesystem. Für Moritz beispielsweise ist es wichtig, sich als queer und nicht-heterosexuell zu positionieren, obwohl er in einer verschiedengeschlechtlichen Beziehungskonstellation lebt. Er formuliert: »Ich schätze es in meiner Partnerschaft sehr, dass meine Partnerin sich selbst als queer bezeichnet und ich deshalb kein hetero Mann für sie sein muss.«

Zu guter Letzt wurde bei der Transkription der Interviews deutlich, dass alle TN der eigenen Verschwiegenheit einen Wert beimessen. So mussten insgesamt kaum Anonymisierungen vorgenommen werden. Es wurde kein einziger Name von und kaum Details über Sexpartner_innen offenbart. Oft sprechen die TN von »einem Gegenüber« oder benutzen andere Formulierungen, die offenlassen, ob eine spezifische Situation mit der Primärbeziehung oder einem Gelegenheitskontakt stattgefunden hat. Dabei schien dieses Vorgehen nicht unbedingt interviewspezifisch, sondern vielmehr in eine selbstverständliche Sprachroutine eingebettet zu sein.

2 Strategien und Ressourcen

Unter *Strategien und Ressourcen* werden hier einerseits Strategien verstanden, die es den TN ermöglichen den scheinbaren

Widerspruch von Geschlechterrolle und Körperlichkeit zu überbrücken. Andererseits umfasst die Kategorie jedoch auch kognitive, emotionale und soziale Ressourcen, welche die TN stärken und beispielsweise ein Trans*-Coming-out oder eine Transition überhaupt erst möglich machen. Auch hier wurden induktiv vier Kategorien aus dem Material herausgearbeitet: *Strategien im Umgang mit Geschlechtsinkongruenz*, *Kongruenzerleben*, der *Umgang mit der Außenwelt* und, aufgrund ihrer Bedeutsamkeit mit eigenem Unterkapitel, die *Unabhängigkeit von gesellschaftlichen Normen*.

Die prominenteste *Strategie im Umgang mit Geschlechtsinkongruenz* ist sicherlich die Transition. Neben einer sozialen Transition haben alle TN auch medizinische Transitionsmaßnahmen unternommen, um verschiedene sekundäre Geschlechtsmerkmale ihrer Geschlechtsidentität anzupassen. Alle TN nehmen oder nahmen Hormone. Eva berichtet von einer sehr funktionsorientierten Anwendung: in den 70er Jahren habe sie fünf Jahre lang Hormone genommen und sie dann dauerhaft abgesetzt, als sie die gewünschte Feminisierung erreicht hatte. Ihre ursprüngliche Angst, die erreichten Veränderungen könnten sich zurückentwickeln, habe sich nicht bestätigt. Die trans*-maskulinen TN hatten oder planen zusätzlich zur Hormonbehandlung eine operative Oberkörperangleichung. Von den trans*-femininen TN hat mindestens eine Person Bartepilation vorgenommen. Darüber hinaus finden verschiedene manuelle Körpermodifikationen statt. Die trans*-männlichen TN binden oder banden sich vor ihrer Mastektomie die Brust ab, um ein flaches Brustprofil zu erzeugen. Zum Teil wird der Binder auch beim Sex nicht ausgezogen. Mehrere TN berichten, *Packer*[12] zu tragen oder getragen zu haben. Eva berichtet vom *Tucking*, bei dem der Penis nach

---

12 Ein *Packer* wird in der Unterhose platziert, um die Existenz von Penis und Hoden anzudeuten. Ein Packer kann alles sein, von einer zusammengerollten Socke bis hin zu einer kunstvoll geformten Penis-Hoden-Epithese aus Silikon.

hinten zwischen den Beinen weggebunden wird und die Hoden in die Leistenkanäle geschoben werden. Mithilfe von Tucking sei es ihr möglich gewesen, »wie alle anderen Frauen auch« im Bikini auf der Wiese zu liegen und Sonnenbäder zu nehmen.[13] Darüber hinaus gibt es manuelle Körpermodifikation beim Sex, wie den Einsatz von Strap-on-Dildos. Moritz empfiehlt eine bewusste Auseinandersetzung mit diesem Thema. Der Markt biete alle möglichen »Add-ons und Plug-ins« und es gebe »eigentlich für jeden Körper die passenden Erweiterungsmöglichkeiten, wenn man irgendwas braucht, was man gerne hätte«.

Eine weitere Strategie ist die Arbeit mit Imagination und der Neucodierung von Akten oder Körperteilen. So wird der *Penis* zur *Klit* oder der vaginale bzw. klitorale Orgasmus zum »männlichen Ejakulationsmoment« (Moritz) umgedeutet. Julia berichtet, ihren Genitalbereich beim Sex auf eine cisweibliche Art zu besetzen. Beim Analverkehr stelle sie sich vor, es sei ihre Vagina, die penetriert würde. Verschiedene trans*-männliche TN erzählen, dass sich ein Strap-on wie eine Erweiterung des eigenen Körpers anfühlen könne. Der Dildo wird imaginativ ausgefüllt. Moritz betont, dass man diese Fähigkeit auch trainieren könne. Er empfiehlt, man solle es einfach üben, im Dildo Gefühle zu entwickeln. Mit der richtigen Vorstellung im Kopf könne man »sehr viel mehr Spaß haben, als wenn man es einfach nur als ›externes Plastikteil‹ denkt.«

Manche TN berichten, einen *Kompromiss mit sich selbst* geschlossen zu haben und Aspekte, die nicht zu ihrer Geschlechtsidentität passten, zu tolerieren oder zu ignorieren. Der Begriff

13 Streng genommen handelt es sich hierbei nicht um eine Strategie zum Umgang mit Geschlechtsinkongruenz, sondern um eine Strategie zum Umgang mit der Außenwelt. Der Penis muss ja nicht aufgrund von Geschlechtsdysphorie versteckt werden, sondern um das Passing sicherzustellen. Aus Platz- und Strukturgründen wurde die Subkategorie *Körpermodifikation durch Hilfsmittel* jedoch nur einmal – und zwar in dieser Kategorie – platziert.

Kompromiss ist für die TN allerdings unterschiedlich aufgeladen. Während Eva formuliert, dass »Sex« und »Gender« bei ihr in friedlicher Koexistenz bzw. Kooperation bestehen, und dies als Kompromiss zwischen ihren Geschlechtern beschreibt, formuliert Julia eine stärkere Ambivalenz in Bezug auf ihren Körper und betont den Aspekt des Kompromisses. Benny beschreibt einen Kompromiss mit sich selbst in Bezug auf seine noch existenten Brüste: Solange sie noch da seien, dürften sie auch in die Sexualität einbezogen werden, weil er mit ihnen auch viel Lust empfinden könne. »Deswegen gibt es für mich keinen Grund die auszuschließen.« Ein Verzicht auf die geplante Mastektomie käme für ihn allerdings nicht infrage. Der Verlust an Erogenität spiele eine untergeordnete Rolle im Vergleich zu dem, was er durch die Operation gewinne.

Manche der TN setzen auf *Doing Gender*, zum Beispiel auf sexuelle Praktiken, die typischerweise ihrem Identitätsgeschlecht zugeschrieben werden und deren Ausführen dadurch ihre Geschlechtsidentität bestärkt. Dabei berichten manche, dass dies mit zunehmender Akzeptanz von außen weniger wichtig geworden sei.

Die Kontrastkategorie zum *Umgang mit Geschlechtsinkongruenz* ist *Kongruenzerleben*. Der überwiegende Teil der TN sieht keinen Widerspruch zwischen ihrer Geschlechtsidentität und ihren Genitalien und empfindet diesbezüglich auch keine Geschlechtsdysphorie. Mr. B beispielsweise beschreibt, seine Genitalien hätten nie im Konflikt mit seiner Geschlechtsidentität gestanden, im Gegensatz zu seinen Brüsten, die für ihn extrem weiblich besetzt waren. Tatsächlich empfinde er sich auch nicht als Mann mit weiblichen Genitalien, sondern er empfinde seine Vagina als männliches Organ. Mehrere TN beschreiben, sich insbesondere mit den erfolgten Angleichungen als geschlechtskongruent zu erleben. Moritz formuliert: »Also [nach der Brust-OP], da hat sich das Körpergefühl mit dem inneren Gefühl zusammengetan und es war gut. Und seitdem ist eigentlich auch alles in Ordnung«. Auch Eva betont, für sie seien die Feminisierung der Silhouette und das *Passing*[14] in der Öffentlichkeit unerlässlich, der Genitalienstatus aber sei egal. Hier lässt sich eine Bedeutungsverschiebung von Geschlechtsmerkmalen beobachten. Den *primären Geschlechtsmerkmalen*, also den Genitalien, aufgrund derer Menschen bei Geburt ein Geschlecht zugewiesen bekommen, wird die Bedeutung entzogen, Geschlecht anzuzeigen. Sie werden auf sexuelle und reproduktive Organe reduziert. Die sekundären Geschlechtsmerkmale jedoch, die sich erst in der Pubertät entwickeln und die im Alltag entscheiden, ob eine Person als Mann oder Frau wahrgenommen wird, sind für die TN von erheblich größerer Bedeutung, weil diese determinieren, wie sie im Alltag gelesen werden. Eva bringt es gelungen auf den Punkt: »Ich meine, wenn ich auf der Straße unterwegs bin, da ist nur die Frage des *Passings*. Und das ist das Aussehen. Keiner guckt mir unter den Rock.«

Zuletzt sei noch angemerkt, dass verschiedene TN hier eine bewusste Integrationsleistung beschreiben. Ähnlich wie beim *Kompromiss mit sich selbst* haben sie manche scheinbar unpassenden Aspekte in ihr geschlechtliches Erleben integriert; so wie Lucia, die davon spricht ihre schwule Identität ausgeweitet statt abgelegt zu haben, oder Eva, die von sich selbst sagt, dass in ihren Körper auch der erste, der männliche Teil ihrer Biografie eingeschrieben sei, auch wenn der weibliche inzwischen überwiege.

Die meisten Codierungen der Hauptkategorie *Strategien und Ressourcen* finden sich im *Umgang mit dem Außen*. Denn unabhängig von ihrem individuellen Erleben werden die TN regelmäßig mit einer Außenwelt konfrontiert, die ihr individuelles Geschlechterverständnis gegebenenfalls nicht teilt. Zum Umgang damit haben die TN zahlreiche Strategien entwickelt. Zum Beispiel suchen sie sich sexuelle Partner_innen, die ihre Geschlechtsidentität nicht infrage stellen oder diese weiter bestär-

14 *Passing* [ˈpa-siŋ] bezeichnet das *Durchgehen* oder *Gelesen-Werden* im Identitätsgeschlecht. Eine Person mit männlichem *Passing* wird im Alltag als Mann wahrgenommen, eine Person mit weiblichem *Passing* als Frau.

ken. So beschreibt Julia, dass die Anerkennung und Bestätigung ihres Genders durch ihre Partnerin für sie bis heute eine wichtige Ressource sei. Insgesamt betonen die TN, wie wichtig ein kompatibles Gegenüber sei und wie viel Rückhalt und Bestätigung sie durch Partner_innen erführen. Moritz jedoch beschreibt auch, die Beziehung zu zwei hetero cis Männern im Laufe der Transition abgebrochen zu haben, weil es »nicht mehr funktioniert« habe:

> »Naja, ich war mir nie sicher, ob die mich jetzt noch als Frau sehen wollen, weil das natürlich optisch noch so war, und sie diesen Wechsel nicht hingekriegt haben. Und ich habe mich dann irgendwie nicht gesehen gefühlt. Also nicht so, wie ich mich gefühlt habe.«

Für viele TN stellt ihre *Community* außerdem eine wichtige Ressource da. Dabei scheint *Community* zweierlei Funktionen zu haben: Einerseits ist es ein Ort, an dem aktiv und kollektiv Geschlechterkonstruktionen dekonstruiert und alternative Deutungssysteme aufgestellt werden, zum Beispiel wenn in einer Vorstellungsrunde auch selbstverständlich die Frage nach dem bevorzugten Pronomen gestellt wird. Moritz beschreibt auch, wie sehr es ihm geholfen habe, andere trans* Personen zu treffen, die keine Genitalangleichung anstrebten. Die »queere Blase« (Benny) kann dabei auch ein Zuhause bieten, in dem sich die TN von den Deutungsmustern der Mehrheitsgesellschaft abschirmen können. Auf der anderen Seite steht die Community den TN auch mit praktischen Tipps zur Seite.

An dieser Stelle muss auch eine besondere Ressource hervorgehoben werden, die insbesondere den TN dieser Studie zur Verfügung steht: die Stadt Berlin. Alle TN wohnen in Berlin, die meisten sind im Laufe ihrer Biografie bewusst dorthin gezogen. Berlin hat nicht nur eine, sondern mehrere Subkulturen bzw. Communities im LSBTIQ-Bereich und es existieren sexuelle Freiräume, die zum Teil seit Jahrzehnten kultiviert werden.

Offen trans*-inklusive Sexparties sind in den meisten Städten in Deutschland wahrscheinlich nicht zu finden.

Viele TN streben *Passing* an. *Passing* erleichtere den *Umgang mit dem Außen*, da es die Akzeptanz der Außenwelt im Identitätsgeschlecht gewährleistet und beispielsweise den Zugang zu geschlechtsspezifischen Räumen sicherstellt. Das Konzept wird jedoch auch kritisch hinterfragt. So berichtet Julia, sich intensiv mit dem Druck zu *passen* auseinandergesetzt und auch diese implizite Norm für sich dekonstruiert zu haben.

Zum *Umgang mit dem Außen* gehört auch die *Kommunikation über die eigene Transgeschlechtlichkeit*. Dies fängt schon mit der Frage an, wie viel wem offenbart wird. So berichtet ein non-binärer TN davon, sich in bestimmten Kontexten bewusst als binär transgeschlechtlich zu präsentieren, weil es eine binär strukturierte Umgebung weniger überfordere, ihn konsequent als *er* und *Mann* anzusprechen, als die Pronomen regelmäßig abzuwechseln. Einige TN benutzen alternative Bezeichnungen für ihre Genitalien, zum Beispiel »Klit« statt »Penis«. Erstaunlicherweise ringen gerade die trans*-männlichen TN mit einer gewissen Sprachlosigkeit und behelfen sich in der Praxis oft mit Umschreibungen wie zum Beispiel »vorne« für »Vagina«.

Manche TN haben spezifische Strategien, ihre Transgeschlechtlichkeit potenziellen Sexpartner_innen zu offenbaren. So berichtet Eva, diese immer angesprochen zu haben, bevor sie einen Mann zu sich nach Hause eingeladen habe. Mr. B wählt meist die nonverbale Variante und geht vorzugsweise nackt auf Sexparties:

> »Ich muss NICHTS erklären. Also ich gehe da nackt hin. Nackt mit Stiefeln bevorzugt (lacht). Und dadurch spare ich mir sämtliche Aufklärungsgespräche oder diesen Punkt, wo ich das Gefühl habe, jetzt müsste ich vielleicht mal was sagen […] Und damit ist klar, so sieht mein Körper aus und wer das spannend und interessant findet, der geht auf mich zu und wer es nicht interessant findet, der geht nicht auf mich zu. Aber das haben cis Männer ja auch.«

Doch auch insgesamt lässt sich feststellen, dass alle TN mit der Zeit eine erhebliche *Souveränität* im Umgang mit der eigenen Transgeschlechtlichkeit nach außen entwickelt haben. Sie haben verschiedene Strategien entwickelt, mit übergriffigen Fragen, Exotisierung und Zurückweisung umzugehen. Eva legte sich in den 70er Jahren zum Sonnenbaden im Bikini auf die Wiese und fuhr nachts auch während ihrer Transition mit öffentlichen Verkehrsmitteln zur Arbeit. Benny feiert seinen »letzten Sommer mit Titten« als »Abschiedstournee«. Manche betrachten auch die eigene Transgeschlechtlichkeit selbst als Ressource: Lucia findet, als trans* Person sei man per se in einer experimentellen Situation, deshalb solle man sich am besten »aus verschiedenen sexuellen Kulturen Sachen borgen«. Julia betont, dass das Wissen, diese fundamentale Entscheidung für die Transition getroffen zu haben, ihr auch für andere Lebensentscheidungen Mut gebe.

Obgleich die Kategorie *Unabhängigkeit von Normen* sich stark mit den anderen dreien überschneidet, wird sie hier separat aufgeführt, weil sie essenziell für die Analyse ist. Alle TN haben sich intensiv mit sexuellen Normen auseinandergesetzt und sich auf verschiedene Art und Weise von ihnen unabhängig gemacht. Dies betonen die TN an unterschiedlichen Stellen selbst. Eva formuliert wörtlich: »Ich bin so wie ICH bin und nicht anders. Also es interessiert mich nicht, was die Norm ist, das hat mich nie interessiert«. Lucia formuliert, dass sie nun, da sie in weiblicher Rolle lebe, nicht mehr daran gebunden sei, weibliche Stereotype zu erfüllen, um als feminin anerkannt zu werden. Seitdem falle es ihr wesentlich leichter, sexuell aggressiv zu sein.

Bei Betrachtung des Materials zieht sich dieses Thema jedoch auch als Querschnittsthema durch viele andere Kategorien hindurch: Die TN haben die normativ zugeschriebene Bedeutung von sexuellen Akten für sich dekonstruiert. Den Geschlechtsmerkmalen wird die Bedeutung entzogen, Geschlecht anzuzeigen. Die TN bewegen sich mehrheitlich außerhalb der gesellschaftlichen Normen von Heterosexualität, Monogamie, und Vanilla-Sexualität[15]. Die Dekonstruktion dieser Normen eröffnet den Raum, sich individuelle (und subkulturelle) Wertesysteme anzueignen, in denen mehr Freiraum für sie als trans* Individuen ist. So betont Moritz, wie sehr es ihm helfe, »in der queeren Kinky-Welt zu leben«[16], da dies der Ort sei, an dem er sich mit seinem Körper weder merkwürdig noch defizitär fühle. Zuletzt sei erwähnt, dass manche TN sich auch von »queeren Normen« abgrenzen, da sie auch hier gelegentlich einen Druck verspürten sich an (subkulturelle) Konventionen anzupassen. Lucia betont, Sex an sich sei weder radikal noch revolutionär und dies sei auch kein Anspruch, den man an sich stellen solle. Es sei auch okay, wenn man einfach nur penetriert werden wolle.

3 Sexueller (und geschlechtlicher) Lernprozess

Der dritte Teil der Forschungsfrage beschäftigt sich mit dem Lern- bzw. Entwicklungsprozess, den die TN durchlaufen haben und der sie zu ihrem jetzigen Punkt geführt hat, an dem sie keine Genitalangleichung anstreben und mit ihrer Sexualität zufrieden sind. Auch hier wurden induktiv vier Kategorien herausgearbeitet: *Auslöser für Veränderungsprozesse und erste Schritte*, die *Interdependenz von Sex, Geschlecht und BDSM*, außerdem *Werkzeuge für den sexuellen (und geschlechtlichen) Lernprozess* sowie *Erkenntnisse im sexuellen (und geschlechtlichen) Lernprozess*. Der geschlechtliche Entwicklungsprozess wird stellenweise mitbeleuchtet, obgleich er nicht primär Fokus in den Interviews oder Teil der Fragestellung war. Es erschien jedoch weder mög-

15 *Vanilla* ist in der BDSM-Kultur der Komplementärbegriff zu BDSM und bezeichnet sexuelle Praktiken, die nicht zum BDSM-Spektrum gehören. Der Begriff ist analog zu den Begriffen Heterosexualität und Cisgeschlechtlichkeit zu verstehen.

16 *Kink* (Substantiv) oder *kinky* (Adjektiv) hat viele Konnotationen, die Begriffe werden von Moritz jedoch hauptsächlich synonym zu BDSM verwendet.

lich noch sinnvoll, ihn aus der Analyse auszuklammern, weil beide Prozesse oft eng miteinander verwoben und nicht trennscharf voneinander abzugrenzen sind. Das Kapitel endet mit den verbliebenen *Belastungen*, die von den TN in ihren Interviews erwähnt wurden.

Die *Auslöser für die sexuellen (und geschlechtlichen) Entwicklungs-/Lernprozesse* sind unterschiedlich. Bei manchen setzen sie mit Beginn der ersten Pubertät[17] ein, bei manchen sehr viel später. Verschiedene TN berichten, dass ihre sexuellen oder auch geschlechtlichen Entwicklungsprozesse durch Lebenskrisen ausgelöst wurden, die sie mit der Frage *Wer bin ich?* konfrontiert hätten. Andere benennen konkrete Auslöser, wie ein Buch, das ihnen zufällig in die Hände fiel und Reflexionsprozesse über die eigene Situation ausgelöst habe. Mr. B beschreibt, einfach unzufrieden mit der eigenen Situation gewesen zu sein: »Und irgendwann habe ich beschlossen, dass jetzt keinen Sex zu haben auch nicht die Lösung sein kann und dann habe ich ganz aktiv versucht das zu verändern.« Er habe sich ein queeres Community-Magazin besorgt und eine Sexparty herausgesucht:

> »Auf jeden Fall bin ich dann in den Club gefahren und es waren relativ wenig Leute da […] Und ich hatte einen sehr schönen Abend. Ich bin da alleine hingefahren und ich war extremst aufgeregt und da habe ich dann Leute kennengelernt […]« (Mr. B).

Andere TN berichten von anderen ersten Schritten. Lucia beobachtete ein sexuelles Ungleichgewicht in der Beziehung mit ihrem Partner. Eine Person habe häufiger penetriert als die andere und ein Bedürfnis nach rezeptivem Verkehr geäußert. »Und dann dachte ich mir, wir können das ja einfach mal ausprobieren«. Für manche begann ihr sexueller (Weiter-)Entwicklungsprozess

---

17 Mit der *ersten Pubertät* wird in Trans*-Kontexten die biologische Pubertät verstanden, da eine Transition auch als zweite Pubertät betrachtet werden kann – oder diese zumindest mit der Transition einhergeht.

auch mit dem Umzug nach Berlin und der Auseinandersetzung mit der dortigen Community und ihren Möglichkeiten.

Bemerkenswert ist die häufige *Interdependenz von Sex, Geschlecht und BDSM* in den Entwicklungsprozessen der TN. Die Prozesse in den Themenfeldern überschneiden sich häufig und/oder bedingen sich gegenseitig. Verschiedene TN haben berichtet, über BDSM und das Spiel mit Geschlechtsidentität ihren transgeschlechtlichen Bewusstwerdungsprozess erlebt zu haben. Mr. B berichtet:

> »Ich würde es gar nicht [Trans-]Coming-out nennen, weil das ein fließender Prozess war, der auch viel mit BDSM zu tun hatte. […] Ich habe von Anfang an immer als ›er‹ gespielt. […] Und durch das BDSM konnte ich ganz viel von meinem inneren Erleben in einem überschaubaren Rahmen nach außen bringen, weil ich da eben Gegenüber hatte, die […] meine, ich nenne das jetzt ›Spielidentität‹ nicht in Frage gestellt haben. […] Und im Laufe der nächsten Jahre hat sich dann gezeigt, dass es eben auch über das BDSM hinaus einen immer größeren Teil in mir beansprucht und ich das immer weniger hinkriege, zwischen Spiel und Alltag so eine Schere zu machen.«

Bei anderen folgte das transgeschlechtliche Coming-out aus dem sexuellen Weiterentwicklungsprozess: »Letztlich habe ich mich auch persönlich sehr viel durch Sex entwickelt. Das war für mich schon auch ein großes Identitätsfindungswerkzeug« (Benny). Eva hingegen betont, erst nach ihrer Transition eine ganzheitliche Sexualität entwickelt zu haben. Davor habe sie versucht, schwul zu leben, dabei aber immer ein diffuses Unbehagen erlebt. Der Zeitpunkt ihrer Transition sei ein klarer Wendepunkt gewesen:

> »Erst als trans Frau wurde ich zu einem vollständigen Menschen – und so vervollständigte sich gewissermaßen auch mein sexuelles Erleben als etwas Ganzheitliches. […] Es macht eben einen Riesenunterschied, ob

> man als ganzer Mensch umarmt wird oder nur als ein halber, bei dem Umarmungen ins Leere zu fassen scheinen. […] Kurz und gut: Guter Sex war für mich überhaupt erst als trans Frau möglich geworden.«

Schließlich berichten manche TN auch, dass sich mit ihrer Transition ihre sexuelle Orientierung bzw. ihr Begehren verschoben habe, zum Beispiel von einem Schwerpunkt auf lesbische Frauen hin zu schwulen Männern.

Welche *Werkzeuge für den sexuellen (und geschlechtlichen) Lernprozess* haben die TN genutzt und wie haben sie diese Entwicklung(en) gemeistert? Mehrere TN berichten von einem bewussten Entschluss, Veränderungen in ihrem Leben vorzunehmen und sich auf einen Suchprozess zu begeben. Das häufigste Werkzeug, mit dem sie dabei arbeiten ist: *ausprobieren* bzw. *suchen und experimentieren*. Die TN berichten, sowohl viel ausprobiert zu haben, mit welchen Menschen sie Sex haben wollen, als auch mit ihren Sexpartner_innen vieles ausprobiert zu haben. Julia berichtet, auch in ihrer langjährigen Partnerschaft gelegentlich mit ihrer Partnerin gemeinsam zu eruieren, wie etablierte Dynamiken und Tendenzen auch mal durchbrochen werden können. Mehrere TN benennen Wegweiser, an denen sie sich in ihrem Suchprozess orientieren konnten. Julia berichtet, ihr habe insbesondere Community-Literatur weitergeholfen: Ratgeber, Trans*-Erotika, aber auch autobiografische Romane, in denen sie sich wiedergefunden habe. Mr. B orientiert sich stark an seinen Gefühlen. Er gehe einerseits danach, was ihm guttue, andererseits orientiere er sich daran, wohin sein Begehren und seine Lust ihn zögen, und er nutze auch seine eigene Angst als Wegweiser: »Wo die Angst ist, ist der Weg.« Er betont dabei jedoch auch den Aspekt von Eigenverantwortung und Selbstfürsorge. Eine gute Selbsteinschätzung sei wichtig in Bezug auf Fragen wie:

> »Kann ich gut Nein sagen, kann ich gut Grenzen setzen, kann ich gut sagen, was ich will? Und wie gut kann ich mich auf mich selber verlassen? Und wenn das aber gegeben ist, also wenn ich gut selbst

die Verantwortung für mich übernehmen kann, dann, finde ich, [sind Sexparties] ein toller Rahmen, um [sich] auszuprobieren« (Mr. B).

Oftmals ist es auch der Kontakt mit anderen trans* Personen oder Community-Strukturen, der im Findungsprozess hilft. Hier werden insbesondere immer wieder Sexparties genannt, einerseits als ein Ort, an dem die eigene Sexualität in einem expliziten Rahmen erkundet werden kann, andererseits als Ort, an dem die TN sexpositive Community-Kontakte knüpfen konnten. Darüber hinaus werden aber auch Community-Strukturen wie Tagungen, Onlineportale und immer wieder der persönliche Austausch mit anderen Menschen genannt. Einmal ist es auch die Konfrontation mit der Mehrheitsgesellschaft in einer Reha-Klinik auf dem Lande, also das Heraustreten aus der eigenen »queeren Blase« (Benny), die eine Entwicklung vorantreibt. Dabei lässt sich beobachten, dass verschiedene TN im Laufe der Jahre von einer Community in (eine) andere hinüberwandern, immer den Menschen oder Impulsen folgend, an denen sie sich weiterentwickeln können. So führt Moritz' Weg ihn aus einer lesbischen Szene über eine Hetero-BDSM-Community in die queere BDSM-Community, in der er sich auch heute noch zu Hause fühlt.

Alle TN berichten, sich auch mithilfe ihrer (Sex-)Partner_innen sexuell weiterentwickelt zu haben:

> »Also mir hat es einfach geholfen, dass ich diese Beziehung habe, in der wir sehr offen sind, sehr gut miteinander umgehen und uns vieles erlauben. [...] Und das hat MIR immer sehr stark geholfen« (Lucia).

Verschiedene TN betonen, wie wichtig der Austausch mit dem_der Partner_in über Sexualität sei. Mehrere beschreiben auch, sich *für* ihre Partner_innen sexuell weiterentwickelt zu haben oder, dass sich ihre Partner_innen für sie weiterentwickeln mussten. So eignete sich beispielsweise Eva aktive Penetration an, weil ihre Partner sich das wünschten – und stellte zu ihrer eigenen Überraschung fest, Spaß daran zu haben. Julia betont, dass nicht nur sie selbst, sondern auch ihre Partnerin in der Beziehung mit ihr als trans*-femininer Person einen längeren Entwicklungsprozess durchlaufen habe.

Darüber hinaus benennen die TN noch andere Lernmittel wie mediale Repräsentation von Trans*-Sexualität, insbesondere emanzipatorische Trans*-Pornografie, feministische und körperorientierte Literatur, Studium und Selbstbefriedigung. Wichtig erscheint auch der Faktor Zeit. Die Lern- bzw. Entwicklungsprozesse, welche die TN beschreiben, erstrecken sich oft über mehrere Jahre. Eine einzige TN berichtet, dass Psychotherapie sie in ihrem sexuellen und geschlechtlichen Klärungsprozess unterstützt habe. Dies ist insoweit bemerkenswert, da theoretisch fünf der sechs Teilnehmenden eine transitionsbegleitende Psychotherapie durchlaufen haben müssten.[18] Zwar wurde im Interview nicht gezielt nach Psychotherapie gefragt, es wurde jedoch danach gefragt, was den TN in ihrer Entwicklung weitergeholfen habe. Ungeklärt bleibt, ob der überwiegende Teil der TN die verpflichtende Psychotherapie umgangen hat, oder ob diese im sexuellen und geschlechtlichen Identitätsentwicklungsprozess nicht als hilfreich erlebt wurde.

Die TN listen viele *Erkenntnisse im sexuellen (und geschlechtlichen) Lernprozess*: Verschiedene TN haben mit ihrem Prozess ein neues, besseres Verhältnis zu ihrem Körper entwickelt. Die Mehrheit hat sich einen individuellen Umgang mit den eigenen Genitalien angeeignet. Dabei haben es sich manche erarbeitet, ihren Penis penetrierend oder die Vagina rezeptiv einzusetzen, eine TN hat sich angeeignet, genau dies nicht mehr zu tun. Einige TN sagen, sie haben ihre Geschlechterbilder erweitert. Benny beschreibt, er habe, um sich mit der Kategorie Mann identifi-

18 Eine TN durchlief ihre Transition bereits in den 70er Jahren, lange vor dem Inkrafttreten der medizinischen Standards von Becker et al. (1997), die von 1997 bis 2018 den Zugang zu geschlechtsangleichenden medizinischen Maßnahmen regulierten.

zieren zu können, sein eigenes Bild von Männlichkeit erweitern müssen:

> »[Dann habe ich mich im Betrieb geoutet als] transmännlich, wobei ich immer noch große Vorbehalte hatte gegen das Bild vom Mann. Da musste ich erst viel Abbauarbeit leisten, um das einfach auch bei mir größer zu machen, das Bild vom Mann. Aber schon als Mann.«

Viele TN beschreiben einen Prozess, in dem sie sexuelle und geschlechtliche Normen verlernt oder für sich selbst dekonstruiert haben; angefangen davon, wer welche sexuelle Rolle einnimmt, bis dahin, sich von sexuellem Leistungsdruck frei zu machen. Benny erzählt weiter:

> »Ich glaube, der Kernpunkt dabei war, dass ich irgendwann verstanden habe, dass es beim Sex nicht darauf ankommt, ›höher, schneller, weiter‹ zu verfolgen. [...] Ich glaube, das Schlimmste war dieses ›man muss einen Orgasmus kriegen‹. Das war für mich, als es in meinem Kopf ›Klick‹ gemacht hat, eine große Befreiung, weil das einfach viel mehr Spaß und Lust gebracht hat« (Benny).

Moritz berichtet, er habe erst das *Trans*-Narrativ* verlernen müssen, bevor er sich selbst als trans* begreifen konnte. Während seines inneren Coming-outs hätten sowohl die einschlägigen Internetforen als auch das medizinische Behandlungssystem ihm suggeriert, er müsse einen Leidensdruck haben, er müsse »seinen Körper scheiße finden« (Moritz) und diesen verändern wollen – andernfalls sei er nicht wirklich trans*. Das habe ihn an der eigenen Transgeschlechtlichkeit zweifeln lassen, weil er diesen Leidensdruck nicht empfunden habe.

Fast alle TN berichten, dass sich durch ihre Transition auch die sexuellen Reaktionen ihres Körpers verändert haben. Nicht nur veränderten sich die Genitalien unter der Hormontherapie, sie würden sich zum Teil auch anders anfühlen und anders reagieren als vorher. Manche TN mussten ihre Körper neu kennenlernen und mehrfach neu herausfinden, was sich gut anfühlt. Einige formulieren, dass sie ihre Transition auch als Heilung oder heilsam empfinden. Für Lucia ist die Feminisierung, die sie jetzt erfährt, ein Mittel, um verletzenden Erfahrungen der Vergangenheit etwas entgegenzusetzen. »Maskulinität wurde auf eine gewisse Art GEGEN mich verwendet, um mir etwas zuzuschreiben, was nicht funktioniert. Ich möchte aber nicht für immer einfach weiblich sein oder so« (Lucia). Es sei gut möglich, dass ihr Geschlecht in zehn Jahren für sie vollkommen unerheblich sei.

Das jeweilige Coming-out ist oft ein markanter Punkt des Lern- bzw. Entwicklungsprozesses. Lucia beschreibt, sie sei sich durch das Coming-out ihrer selbst mehr bewusst geworden und das habe sie nicht nur glücklich gemacht, sondern ihr auch »einen Raum gegeben«.

In ihren Prozessen haben die TN gelernt, verschiedene Barrieren zu überwinden: allen voran Angst und Zweifel, aber auch Verdrängung, räumliche Isolation (z. B. auf dem Lande) und manchmal auch die Ausbremsung durch die eigene Community. Julia beschreibt, dass sie sich lange in Kreisen bewegt habe, in denen sich zwar viele Menschen als genderqueer verstanden hätten, Transition aber niemals ein Thema gewesen sei. Interessant ist auch, dass eine Mehrheit der TN betont, eine Sache nicht gelernt bzw. entwickelt, sondern schon immer besessen zu haben: das positive Verhältnis zum eigenen Genital.

Trotz eines positiven und empowerten Blicks auf ihr Trans*-Sein, machen die TN verbleibende Herausforderungen, Widersprüche oder Dinge, die sie sich noch aneignen möchten, deutlich. Auch begreifen einige TN ihren Prozess nicht als beendet. Mr. B formuliert in der Feedbackschleife:

> »Mein Entwicklungsprozess ist nicht abgeschlossen. Das Thema Zugehörigkeit beschäftigt mich stark. Ich habe derzeit ein großes Bedürfnis mich zusätzlich zu schwulen Räumen auch wieder mehr

> in queeren Räumen zu bewegen. Mir fehlen queere und weibliche Gegenüber. Sexuell und sozial. […] Das kam in dem Interview nicht richtig vor bzw. ich hatte den Schwerpunkt eher auf meiner Sexualität, die ich aktuell meistens mit Männern lebe und es ist mir wichtig das zu ergänzen, da das Bild sonst unvollständig ist« (Mr. B).

Da diese Studie bewusst auf das Gelingende fokussiert, nehmen *Belastungen* weniger Raum ein als in anderen Studien. Nichtsdestotrotz erwähnen die TN eine Vielzahl an psychischen Belastungen, mit denen sie sich im Alltag konfrontiert sehen, wie zum Beispiel Transphobie bzw. Transfeindlichkeit oder -negativität. So berichtet Eva etwa, wie sich im Laufe der Jahre verschiedene Affären in sie verliebt hätten, aber keiner der Männer sich je getraut habe, offen eine Beziehung mit ihr zu führen – aus Angst vor Stigmatisierung. Julia und Mr. B beschreiben Exotisierung. Mr. B habe sich gelegentlich schon »wie im Zoo« gefühlt, wenn ein Gegenüber wegen seiner Vagina unbedingt Sex mit ihm haben wolle, dabei der Rest seines Körpers und seiner Person aber vollständig ausgeblendet werde. Dies komme allerdings nur selten vor. Julia benennt außerdem einen Mangel an Vorbildern zu Trans*-Sexualität und plädiert für mehr Bildungsangebote. Zwei trans*-weibliche TN kritisieren die automatische oder vorschnelle Zuschreibung von Leid, die gerade oft auf trans* Frauen projiziert werde. Ferner benennen die TN vereinzelt Fremdheitsgefühle, die Erfahrung in der Gesellschaft nicht intelligibel zu sein, Erfahrungen von Sexismus, übergriffige Fragen, aber auch konkrete Geschlechtsdysphorie. So beschreibt eine TN, im Laufe der Jahre eine zunehmende Dysphorie in Bezug auf ihre Genitalien entwickelt zu haben, was früher nicht der Fall gewesen sei. Trotzdem sei eine Genitalangleichung derzeit keine konkrete Erwägung.

VI Die Teilnehmer_innen

Für die Biografien der Teilnehmer_innen wurden die Interviewtexte entlang des Kategoriensystems strukturiert zusammengefasst. Jede Biografie gliedert sich daher entlang der Hauptkategorien in ein *sexuelles Profil*, einen Abschnitt zu *Strategien und Ressourcen* und den *sexuellen (und geschlechtlichen) Lernprozess*. Den TN wurde ihre jeweilige Biografie im Rahmen der partizipativen Feedbackschleife vorgelegt und gegebenenfalls angepasst. Die Biografien sind in der vorliegenden Form zur Veröffentlichung freigegeben.

1 Moritz

Sexuelles Profil: Moritz beschreibt sich als trans* Mann, im Mittelfeld zwischen binär männlich und non-binär. Seine sexuelle Orientierung beschreibt er als »queer«. Damit grenzt er sich bewusst sowohl von der Kategorie »heterosexuell« als auch von den Kategorien »homosexuell« und »bisexuell« ab. Er fühle sich nicht nur zu Männern und Frauen, sondern auch zu non-binären Personen hingezogen. Er ist in einer festen Beziehung mit einer ebenfalls queeren cis Frau, mit der er auch zusammenwohnt. Sie begreifen sich explizit nicht als heterosexuelle Beziehung. Die Beziehung ist offen, Moritz hat verschiedene Nebenbeziehungen und Gelegenheitskontakte, mit denen er Sex hat. Für eine gelingende Sexualität empfindet er es als wichtig, sich mit sich selbst wohlzufühlen und gut mit seinen Gegenübern im Kontakt zu sein. BDSM spielt für ihn eine große Rolle, auch hier gibt es verschiedene regelmäßige und unregelmäßige Playpartner_innen neben seiner Hauptbeziehung. Im BDSM spiele er sowohl als »Top« als auch als »Bottom«. In der Sexualität spielen verschiedenste Arten von Penetration eine Rolle: aktiv-insertiv mithilfe von Strap-ons, die er auch durch Imagination als »Schwanz« in sein Körperbild integrieren kann, bis hin zu dem Punkt, den Dildo als Phantomglied zu spüren. Rezeptiv praktiziert er sowohl vaginale als auch anale Penetration. Die Mittel dafür reichen – insertiv wie rezeptiv – von einzelnen Fingern über Dildos bzw. Penes bis hin zu Fäusten (Fisting). Organisierte sex(-inklusive) Räume wie Sexparties, Playparties (BDSM) und andere Community-Events wie BDSM-Festivals sind ein fester Bestandteil seiner Sexualität sowohl innerhalb als auch außerhalb der Hauptbeziehung. In der Feedbackschleife ergänzt er, dass sein Sexleben zurzeit deutlich ruhiger ablaufe, als es dieser geballten Zusammenfassung nach den Anschein habe, und stärker auf die Beziehung zu seiner Partnerin konzentriert sei.

Strategien und Ressourcen: Für Moritz sind Partner_innen wichtig, die seine männliche Identität akzeptieren und bestärken. Diese benennt er als eine wertvolle Unterstützung. Zu verschiedenen Sexpartnern, die seine geschlechtliche Verortung als Mann nicht akzeptieren und bestärken konnten, hat er die Beziehung abgebrochen *(kompatible Gegenüber)*. Insbesondere in der Transitionsphase, in der seine Männlichkeit noch nicht durchgehend von außen anerkannt wurde, war es für ihn wichtig, männlich konnotierte Dinge zu tun, wie zum Beispiel penetrieren, und weiblich konnotierte Dinge, wie Penetriert-Werden, zu unterlassen *(Doing Gender)*. Mit zuverlässigem Passing und körperlichem Kongruenzerleben empfindet er diese Strategie nicht mehr als notwendig. Moritz nutzt »Add-ons und Plug-ins«, das bedeutet verschiedene Arten von Sex-Spielzeug oder Gender-Expression-Gear, um seinen Körper um einen Penis zu erweitern *(manuelle Körpermodifikationen)*. Mit fortschreitender Lebensdauer im männlichen Geschlecht werden diese Erweiterungen weniger wichtig und seltener eingesetzt, weil Moritz sie als »nervig« empfindet und mit seinem Körper »auch so genug Spaß haben kann«. Mit bzw. nach geschlechtsangleichenden Maßnahmen wie Hormontherapie und Mastektomie erlebt er seinen Körper als geschlechtskongruent *(Transition)*. Rezeptiv vaginaler Verkehr sowie andere Dinge, die weiblich konnotiert sind, wie zum Beispiel Schminken, sind für ihn seitdem wieder möglich. Moritz' *Community* und der *dekonstruktivistische Diskurs*, den er dort vorfindet, erschaffen einen gemeinschaftlich erlebten Raum, in dem die sexuellen und geschlechtlichen Normen der Mehrheitsgesellschaft außer Kraft gesetzt werden und stattdessen alternative Regel- und Deutungssysteme ihre Wirkung entfalten. Diese Community bzw. Communities stellen für ihn auch einen Lernraum dar, in dem queere Deutungssysteme erlebt und weitergegeben werden können. Moritz arbeitet für sich auch an der *aktiven Dekonstruktion* der vergeschlechtlichten Bedeutung von Genitalien, mithilfe von Tantra-Literatur. Wenn Moritz »seinen Schwanz«, das heißt ein Strap-on, benutzt, kann er diesen auch spüren und (zumindest) temporär in sein geschlechtliches Selbstbild integrieren. Seit Moritz sich seinen Orgasmus als einen männlichen Ejakulationsmoment vorstellt, erlebt er ihn auch als solchen *(Imagination und Neucodierung)*. Die Bezeichnung seiner Genitalien stellt für Moritz allerdings immer noch ein Problem dar; er habe noch keine passenden Worte gefunden. Stattdessen behilft er sich in der Kommunikation mit seinen Partner_innen mit Umschreibungen *(Sprache/Sprachlosigkeit)*.

Sexueller (und geschlechtlicher) Lernprozess: Moritz beschreibt einen aktiven Lernprozess, um »von dem Gefühl wegzukommen, dass mein eigener Körper nicht passend ist«, hin zu dem Punkt, den eigenen Körper als »gut« zu erleben. Für ihn steht dabei der Identitätsprozess im Vordergrund. In seinem sexuellen Entwicklungsprozess geht er zwar im Rahmen der Transition durch eine Phase der Verunsicherung, er ist jedoch sowohl vor als auch nach seinem Transitionsprozess mit seiner Sexualität zufrieden und konfliktfrei. Den Identitätsprozess beschreibt er als eine Wanderung durch die Geschlechter. Er habe in seinem Leben schon als junges Mädchen und als sportliche Lesbe gelebt, habe

»schwule Sachen« gemacht und sei sogar einmal »fast hetero« gewesen. BDSM ist für ihn dabei das Spielfeld, das ihm den Freiraum eröffnet seine Geschlechtsidentität zu explorieren und das Trans*-Coming-out auslöst. Sein Umfeld, sowohl Beziehung als auch die Community, in der er sich bewegt, sind mit Trans*-Lebenswelten vertraut und können gut damit umgehen. Das eigene Coming-out wird bei Moritz selbst jedoch von starken Zweifeln begleitet, eben weil Moritz nur bedingt Geschlechtsdysphorie mit seinem Körper und keinerlei Dysphorie mit seinen Genitalien erlebt, was nicht dem normativen Diskurs zu Trans* und Geschlechtsdysphorie entspricht. Die Verzweiflung anderer, derer er in Internetforen Zeuge wird, vermittelt ihm, er müsse selbst unglücklich mit seinem Körper sein. Moritz beschreibt lediglich eine Verunsicherung mit seinem Körper in der Transitionsphase. Er erlebt Geschlechtsinkongruenz sowie eine milde Form der Geschlechtsdysphorie: In der Transitionszeit fällt es ihm schwer, sich nackt im öffentlichen Raum (im Rahmen von Sexparties) zu zeigen. In dieser Phase vermeidet er auch alles weiblich Konnotierte und versucht bewusst, sich männlich zu geben und zu agieren. So vermeidet er beispielsweise penetrativ-rezeptiven Vaginalverkehr. Er erlebt die Transition als Befreiung, die es ihm später erlaubt, weiblich konnotierte Anteile wieder in sein Leben zu integrieren. Außerdem beschreibt er durch die Hormontherapie ausgelöste physische Veränderungen, die es für ihn notwendig machen, seinen Körper sexuell neu kennenzulernen und aktiv zu experimentieren. Auf sexueller Ebene habe er die Repräsentation von nicht-operierten Trans*-Männlichkeiten in schwulen Pornos als sehr hilfreich empfunden, außerdem den Austausch mit anderen trans* Männern, die keine Genitalangleichung anstreben. Wegweiser in seinem Prozess sind die Menschen, für die er sich interessiert. Seine Partner_innen zwingen ihn nicht nur, sich als Mensch in seinen (Kommunikations-)Kompetenzen weiterzuentwickeln, durch eine Partnerin findet er auch den Weg von der monogamen lesbischen Vanilla-Szene in die (heterosexuelle) BDSM-Community und über weitere Partner_innen von dort in die queere BDSM-Community. Dieser Weg führt ihn auch über mehrere Städte schlussendlich nach Berlin und dort in die Trans*-Community.

2 Benny

Sexuelles Profil: Benny beschreibt sich als eher pansexuellen, nonbinären trans* Mann, sex-positiv und queerfeministisch. Benny hat keine feste Primärbeziehung, dafür verschiedene »lose« Partner_innen oder sexuelle Freundschaften, wobei eine dieser Freundschaften bereits etwa zehn Jahre lang besteht. Darüber hinaus gibt es Gelegenheitskontakte wie One-Nights-Stands und Kontakte auf Sexparties. Dies erlebt Benny nicht als defizitär, im Gegenteil. Er betont, wie wohltuend es für ihn sei, keine feste Bindung mit einem Menschen einzugehen, sondern sich wahlweise verschiedenen Menschen gegenüber zu öffnen. Sex bedeutet für ihn insbesondere auch das Erleben von intimer Nähe. Er betont, dass auch 20 Minuten im Darkroom mit einer unbekannten Person ein Erlebnis der Nähe sein kann – wenn auch anders als die Vertrautheit einer langjährigen sexuellen Partnerschaft. Die Identität, geschlechtliche Zuordnung sowie der Genitalienstatus seiner Sexpartner_innen sind für ihn heute weitgehend belanglos, Benny tendiert allerdings zu cis Frauen und trans* Männern. Sein sexuelles Handeln wird durch ethische Werte geleitet, wie zum Beispiel den Grundkodex der BDSM-Community *safe, sane and consensual*. Ihm ist es wichtig, in der Sexualität gut mit sich selbst und seinen Gegenübern im Kontakt zu sein. Die sexuellen Praktiken, die er beschreibt, konzentrieren sich stark auf Genital- und Analstimulation. Darin ist er sowohl aktiv als auch passiv, sein Begehren ist allerdings stärker auf rezeptiv-penetrativen Verkehr ausgerichtet. Auch für ihn stellt BDSM einen wichtigen Teil seiner Sexualität dar, wobei sich Sex und BDSM-Play oftmals vermischen. Auch hier ist Benny ein »Switch«. Es sei allerdings nicht einfach ein Gegenüber zu finden, das glaubwürdig die notwendige Dominanz ausstrahlen könne, daher spiele er selten »unten«. Benny steht zum Zeitpunkt des Interviews kurz vor einer Mastektomie. Obgleich er seine Brüste in die Sexualität einbezieht und mit der Operation eine erogene Zone aufgibt, steht die Operation für ihn außer Frage, da die Vorteile für ihn klar überwiegen: Sicherheit im Passing als Mann, kein Leidensdruck aufgrund der Brüste mehr, ein Ende des Abbindens und sich oberkörperfrei zeigen zu können. Bis dahin versucht er, seine Brüste zu genießen und reframed für sich den letzten »Sommer mit Titten« als »Abschiedstournee«.

Strategien und Ressourcen: Benny betont, vonseiten seiner Eltern nie zu geschlechtskonformem Verhalten gedrängt worden zu sein. Er habe auch in sexueller Hinsicht nie nach geschlechtlichen Normen gehandelt *(Freiheit)*. Benny empfindet keine Geschlechtsinkongruenz bezüglich seiner Genitalien *(Kongruenzerleben)*. Im Gegenteil, er sei froh, keinen angewachsenen Penis zu haben, obgleich das beim Sex manchmal praktischer wäre, da er das Umschnallen von Dildos als umständlich betrachtet. Wenn er jedoch einen Strap-on-Dildo verwendet, wird dieser durchaus ins Körperbild integriert *(Imagination und Neucodierung)*. Bezüglich seiner Brüste hat Benny einen *Kompromiss mit sich selbst* geschlossen. Sie werden in das Körperbild und die Sexualität integriert, stellen aber einen Faktor von Geschlechtsinkongruenz dar und werden im Rahmen der Transition in Kürze operativ angeglichen. Bis dahin benutzt er im Alltag Binder als *Hilfsmittel*, um ein flaches Brustprofil zu erzeugen *(manuelle Körpermodifikation)*. Eine wichtige Ressource für Benny ist die »queere Blase«, in der er sich bewegt. Hier findet er einen Ort, der seine Maskulinität nicht infrage stellt, auch wenn er sich mit seiner weiblichen Brust offen zeigt *(Community)*. Auch Benny wählt bewusst Sexpartner_innen aus, die seine Geschlechtsidentität respektieren und grundlegende Geschlechternormen für sich bereits dekonstruiert haben *(kompatible Gegenüber)*. Auch achtet er darauf, sich nicht in stereotyp männliche Rollen drängen zu lassen. Obwohl Benny sich explizit non-binär versteht, präsentiert er sich der Mehrheitsgesellschaft bewusst als binär männlich, um seine Umgebung nicht zu überfordern *(Vereindeutigung nach außen).*

Sexueller (und geschlechtlicher) Lernprozess: Benny benennt eine größere Lebenskrise um 2010 als auslösendes Ereignis, verschiedene Themen in seinem Leben aufzuarbeiten. Dies habe auch den Weg für seinen weiteren sexuellen und Identitätsentwicklungsprozess frei gemacht. Sexualität begreift Benny dabei auch bewusst als »Identitätsfindungswerkzeug«. Die Frage »Okay, wer bin ich eigentlich?« führt ihn in einem mehrjährigen Prozess von dem Label »Hetenfrau« über »Lesbe« hin zu »trans-weder-noch« und schließlich zu non-binär trans*-männlich. Dabei beschreibt er auch einen aktiven Prozess, den eigenen Blick auf die Kategorie »Mann« zu erweitern, damit verknüpfte Normen zu dekonstruieren und sich die Kategorie so aneignen zu können. Seinen Prozess erlebt er als bewussten Prozess der aktiven Auseinandersetzung und der aktiven Suche. Wichtige Werkzeuge dabei sind für ihn der Kontakt mit anderen Menschen in seinen jeweiligen Communities, viel über Sex zu sprechen, Fragen zu stellen und zuzuhören. Außerdem benennt er BDSM und Sexparties sowie die Weiterentwicklung an und mit seinen Partner_innen. Wichtig ist für ihn aber auch der Spiegel durch die Mehrheitsgesellschaft, zum Beispiel die Irritation, die er erlebt, als er aus seiner »queeren Blase« heraustritt und zur Kur in ein abgelegenes Waldgebiet fährt.

Benny beschreibt allerdings auch das Verlernen von sexuellen Normen für sich als wichtigen Prozess. So habe er lange gebraucht, um sich von einem gefühlten sexuellen Leistungsdruck zu befreien. Zentral war für ihn dabei die Erkenntnis, dass Orgasmen zwar schön, aber nicht das Ziel von Sexualität seien. Er habe gelernt, dass Menschen »alle die gleichen Sehnsüchte und Ängste« haben, habe gelernt, über Sexualität Nähe zu erleben sowie offen und ehrlich zu kommunizieren. Heute spiele er genau mit diesen Elementen in der Sexualität, insbesondere im BDSM, und versuche diese Haltungen so an andere Menschen weiterzugeben.

3 Mr. B

Sexuelles Profil: Mr. B beschreibt sich als Mann mit Transitionshintergrund, binär verortet. Er identifiziert sich als pansexuell und queer und beschreibt seine Sexualität mit den Worten »ich bin einfach sehr sexuell«. Sein Begehren richte sich derzeit zwar hauptsächlich, aber nicht ausschließlich auf Männer. Sexualität sei für ihn eine »positive Lebensenergie« sowie eine »Kraftquelle« im Alltag, die einen großen Teil seiner Lebensqualität ausmache. Seine Genitalien stehen für ihn nicht im Widerspruch zu seiner männlichen Identität, im Gegenteil: Er begreift seine Vagina als männliches Genital. Im Gegensatz dazu seien seine Brüste für ihn »extrem weiblich besetzt« gewesen und auch heute, nach seiner Oberkörperangleichung sei es ihm noch nicht vollständig gelungen, dies aufzulösen. Die eigene Transition habe seine sexuellen Möglichkeiten insbesondere positiv verändert, da er sein schwules Begehren nun vollständig ausleben könne. Gleichzeitig mache er auch die Erfahrung, dass queere und lesbische Frauen, die er attraktiv finde, sich nicht mehr für ihn interessierten. Mr. B ist in einer langjährigen Liebesbeziehung mit einer lesbischen Frau, lebt seine Sexualität jedoch eher in verschiedenen langjährigen und verbindlichen sexuellen Freundschaften aus, die voneinander wissen und sich mehrheitlich auch kennen. Hinzu kommen Gelegenheitskontakte, Letzteres insbesondere in schwulen Saunen sowie schwulen Sex-Clubs. Oft besuche er diese gemeinsam mit einem »Lover«, wobei dies nicht automatisch bedeute, auch mit diesem Partner dort Sex zu haben. Seine bevorzugte Art von Sex sei rezeptiv-vaginaler Verkehr. Oralverkehr praktiziere er aktiv wie rezeptiv. Rezeptiven Analverkehr lehne er ab. Insertiv praktiziere er sowohl Vaginal- als auch Analverkehr. Hierbei empfinde er die eigene Erregung jedoch mehr »im Kopf« und weniger als körperliche Reaktion. BDSM spiele in seiner sexuellen Biografie eine erhebliche Rolle. Er habe jahrelang »unten« gespielt. Manches davon wirke bis heute fort. Er genieße sexuelle Gegenüber, die dominant auftreten. Gleichzeitig betont er, dass hierfür eine respektvolle Haltung des Gegenübers sowie eine gute Verbindung zu diesem notwendig sei. Sei dies nicht gegeben, nehme er »die Zügel in die Hand« und lenke das Geschehen. Insgesamt betont Mr. B Aspekte wie Selbstfürsorge, Bewusstsein für die eigenen Wünsche und Grenzen sowie Respekt für sich selbst und die Gegenüber.

Strategien und Ressourcen: Mr. Bs Vagina steht nicht im Widerspruch mit seiner männlichen Identität *(Kongruenzerleben)*. Vielmehr versteht er sein Genital als ein männliches. Hier findet euch eine *Neucodierung* statt. Nicht die primären, sondern die sekundären Geschlechtsmerkmale wie die Brust sind für Mr. B weiblich besetzt. Seine primären Geschlechtsmerkmale haben für ihn nicht den Status eines Geschlechtsmerkmals *(Bedeutungsverschiebung von Geschlechtsmerkmalen)*. Auch heute beziehe er seine Brust nicht in seine aktive Sexualität ein *(ignorieren)*. Mithilfe von Testosteron und Mastektomie hat Mr. B sein Inkongruenzerleben aufgelöst bzw. erheblich reduziert *(Transition)*. Dadurch, »männlich gelesen zu werden« eröffnen sich ihm auch der Zugang zu schwulen Räumen und die soziale Bestätigung seiner männlichen Identität *(Passing)*. Vor seiner Oberkörperangleichung benutzt Mr. B Binder, um seine Brust flach aussehen zu lassen. Bei der aktiven Penetration nutzt er Strap-ons. Außerdem trage er immer einen Packer *(manuelle Körpermodifikation)*. Insbesondere vor seiner Transition suchte Mr. B aktiv nach Partner_innen, »die das hingekriegt haben, mich so zu sehen, wie ich mich selbst gesehen habe« *(kompatible Gegenüber)*. Da Mr. B seine Transgeschlechtlichkeit gegenüber potenziellen Sexpartnern ungern verbal offenbart, bevorzugt er es, nackt auf Sexparties zu gehen *(Souveränität)*. Damit spare er sich »sämtliche Aufklärungsgespräche oder diesen Punkt, wo ich das Gefühlt habe, jetzt müsste ich vielleicht mal was sagen«. Auch dies ist eine Variation davon, nur *kompatible Gegenüber* zu wählen, da nur kompatible Gegenüber so auf ihn zukommen. Vor seiner Transition versuchte Mr. B »nicht darüber nachzudenken«, dass es Unstimmigkeiten gab bezüglich dessen, wie er sich selbst empfand, und wie er von außen gelesen wurde *(ignorieren)*. Da er noch kein passendes Wort für seine Genitalien gefunden habe, behelfe er sich oft mit Umschreibungen *(Sprache/Sprachlosigkeit)*.

Sexueller (und geschlechtlicher) Lernprozess: Mr. B beschreibt einen sehr bewussten Prozess, sich seine heutige Sexualität angeeignet zu haben. Er habe viele Jahre lang gar keinen Sex gehabt und irgendwann einen bewussten Entschluss gefasst und »ganz aktiv versucht, das zu verändern«. Daraufhin habe er eine Sexparty besucht und dort Leute aus der BDSM-Community kennengelernt. BDSM und die Interaktion mit anderen Spieler_innen hätten ihm geholfen, das eigene Körpergefühl zu verbessern und »ganz viele Körperbaustellen aufzulösen«. Er habe von Anfang an als »er« gespielt. Diese Spielidentität habe im Laufe der Jahre immer mehr Raum beansprucht bis sie irgendwann zur Alltagsidentität geworden sei. Unterstützend seien auch insbesondere seine Spielpartner_innen gewesen, die seine Spielidentität als »er« sofort angenommen hätten. Sowohl BDSM als auch die aktive Auseinandersetzung mit der eigenen Sexualität waren damit Katalysatoren für die Auseinandersetzung mit der eigenen Geschlechtsidentität. Wegweiser in diesem Prozess sei für ihn die eigene Lust gewesen sowie der bewusste Umgang mit der eigenen Angst: »Wo die Angst ist, ist der Weg.« In dem Wissen, dass er im Zweifelsfall auch gut Nein sagen könne, habe er vieles ausprobiert und sich selbst viele Fragen gestellt: »Was mag ich eigentlich? Was finde ich toll? Auf was für eine Sex-Energie stehe ich, was für Sexpraktiken mag ich eigentlich?« Er habe ein »Forschungsprojekt« daraus gemacht. Mr. B betont, dabei immer auf die eigenen Grenzen geachtet und der eigenen Selbsteinschätzung vertraut zu haben. Mit den sexuellen Möglichkeiten, die sich ihm eröffnet hätten, seit er Passing erlebe, habe sich auch mit der Zeit sein sexuelles Begehren verlagert und deutlich zu schwulen Männern hin verschoben. Gleichermaßen berichtet er von einer Verschiebung seiner Bezugscommunity im Verlauf seines Prozesses: weg von »lesbisch-queeren Kreisen« hin zu schwulen Räumen, wobei er sich derzeit wieder zu queeren Kontexten hin orientiere. Ihm fehle in der schwulen Community ein feministisches Grundverständnis und er fühle sich auch hier nicht zu 100 Prozent zugehörig. Sowohl sexuell als auch sozial habe er ein Bedürfnis, wieder mehr mit queeren und weiblichen Gegenübern im Kontakt zu sein.

4 Eva

Sexuelles Profil: Eva versteht sich als trans* Frau, binär verortet, also ausschließlich als Frau. Ihre Transition fand Mitte der 70er Jahre in West-Berlin statt, eingebettet in die damalige Trans*-Community und das Berliner Nachtleben. Heute steht sie kurz vor dem Eintritt ins Rentenalter. Eva ist heterosexuell und betont, dass auch ihre Sexpartner in der Regel heterosexuelle Männer gewesen seien. Von schwulen Kulturpraktiken wie dem Besuch von Klappen oder Darkrooms oder anderen subkulturellen Praktiken wie BDSM grenzt sie sich deutlich ab. Ihre Sexualität habe sie in Affären, One-Nights-Stands und kürzeren Beziehungen ausgelebt, die vor allem auf Sex ausgelegt waren. Sie sei wohl »nicht der Typ für feste Bindung«. Ihre sexuell aktive Zeit lag insbesondere in den 70er und 80er Jahren. Heute erlebe sie keine partnerschaftliche Sexualität mehr, sie onaniere aber noch gelegentlich, wenn sie das körperliche Verlangen bzw. Lust verspüre. Sex ist für Eva eine intensive Ganzkörpererfahrung, wobei die Intensität auch stark von der Interaktion und Verbindung zum sexuellen Gegenüber abhängt. Sie praktizierte Oral- wie Analverkehr, rezeptiv wie insertiv. Den eigenen Penis habe sie nie als störend empfunden, weil sie ihr Frausein als davon unabhängig erlebe. Gleichermaßen steht aktive Penetration für sie nicht im Widerspruch zu ihrer weiblichen Rolle, eben weil ihre Partner heterosexuelle Männer waren, was ihre weibliche Geschlechtsidentität nicht infrage stellte, sondern eher bestärkte. Wichtige Voraussetzung für eine befriedigende Sexualität sei allerdings das Leben als Frau, als Frau anerkannt zu werden und Passing zu erleben.

Strategien und Ressourcen: Nicht die primären, sondern die sekundären Geschlechtsmerkmale sind für Eva die relevanten Signifier von Geschlecht *(Bedeutungsverschiebung der Geschlechtsmerkmale).* Der Penis ist fest integraler Bestandteil von Evas weiblichem Körper *(Integration).* Sie empfindet es als unerheblich, dass ihr Körper nicht den Geschlechternormen entspricht: »Also es interessiert mich nicht, was die Norm ist, das hat mich nie interessiert« *(Unabhängigkeit von Normen).* Sie habe schon immer ein positives Körperbewusstsein gehabt. Eva sieht durchaus eine Inkongruenz zwischen »Körpergeschlecht« und »Hirngeschlecht« und empfindet, dass beide in »friedlicher Koexistenz« bzw. »Kooperation« miteinander existieren *(Kompromiss mit sich selbst).* Mit Hormonbehandlung und (manueller) Epilation hat Eva eine »Feminisierung der Silhouette« erreicht und die individuelle Geschlechtsinkongruenz aufgelöst (*Transition* und *Passing*). Als nach etwa fünf Jahren das gewünschte Maß an Körperveränderung erreicht war, setzte Eva die Hormone dauerhaft wieder ab. Nach der Transition als Frau zu leben, agieren und wahrgenommen zu werden, auch in der Sexualität *(Doing Gender),* ermöglichten ihr, auch geschlechteruntypische Praktiken wie aktive Penetration zu praktizieren. Wenn die soziale Situation es für das Passing notwendig machte, wurde der Penis zum Beispiel mithilfe eines strammen Bikiniunterteils versteckt *(Tucking/Binding).* Der Kontakt und Austausch mit anderen trans* Frauen, insbesondere die Arbeit in einem Berliner Travestie-Cabaret, beschafften Eva die Kontakte und Informationen, die sie für ihre Transition benötigte, und schufen einen Rahmen, in dem sie arbeiten und transitionieren konnte *(Community).* Hier lernte sie auch Männer kennen, die selbst bewusst Kontakte zu trans* Frauen suchten. Eine Offenbarung des eigenen Trans*-Status war damit meist nicht nötig und das Risiko aufgrund des eigenen Trans*-Seins zurückgewiesen zu werden verschwindend gering. Evas Selbstbewusstsein ermöglichten ihr, souverän mit gelegentlichen Zurückweisungen umzugehen *(Souveränität).*

Sexueller (und geschlechtlicher) Lernprozess: Evas erste sexuelle Erfahrungen machte sie schon sehr früh im Rahmen von »Spielereien« mit verschiedenen Klassenkameraden. Später, mit etwa 14 Jahren, begann sie eine Beziehung zu einem älteren, bisexuellen Nachbarsjungen, durch den sie auch Konzepte wie Homosexualität kennenlernte, woraufhin sie sich bis zu ihrem Trans*-Coming-out als schwul bezeichnete, obwohl sich das nicht vollständig richtig anfühlte. Auch später entwickelte sie ihre Sexualität insbesondere in der Interaktion mit ihren Gegenübern weiter. Eva betont jedoch, dass es ihr erst nach dem geschlechtlichen Bewusstwerdungs- und Transitionsprozess möglich war, eine gelingende, ganzheitliche Sexualität zu entwickeln. Ihre soziale Transition gestaltete sie bewusst und mit großer Umsicht. Sie probierte sich aus und machte »Ausflüge« in weiblichen Kleidern, insbesondere in die damalige Berliner Community. Mit der Entscheidung für eine Transition machte sie einen Schnitt, wechselte den Job und begann in einem Berliner Travestie-Cabaret zu arbeiten. Durch diesen Ort fand sie Informationen, Community-Anbindung und nicht zuletzt Partner, außerdem fachliche Informationen zum Transitionsgeschehen, Kontakte zu Ärzt_innen und Ähnliches. Trotzdem gestaltete sie ihre soziale Transition Schritt für Schritt und nahm für eine längere Übergangzeit tagsüber noch die soziale Rolle eines Mannes wahr. Eva betont, nie eine Abneigung gegen ihren Penis verspürt zu haben. Sie habe es jedoch zuerst abgelehnt, ihn in der Sexualität für Penetration einzusetzen, weil es nicht ihrem Bild einer weiblichen Sexualität entsprach. Auch hier waren es ihre Partner, für die und an denen sie sich weiterentwickelt habe, weil diese sich genau das von ihr wünschten.

5 Lucia

Sexuelles Profil: Lucia verwendet keine Labels für sich, ihre Geschlechtsidentität und ihre sexuelle Orientierung; Kategorisierungen dieser Art lehnt sie ab. Sie verwendet allerdings weibliche Pronomen. Lucia ist seit vier Jahren in einer festen Beziehung mit einer non-binären trans* Person. Es ist ihre erste Beziehung, die Beziehung ist sexuell offen, allerdings mit verschiedenen Einschränkungen seitens ihres Partners, die auch regelmäßig Verhandlungsgegenstand in ihren Aushandlungsprozessen sind. Sex ist für Lucia ein »intensiver, längerer, körperlicher, konfrontativer Kontakt zwischen mindestens zwei Personen«. Sex bedeutet für sie Nähe, sowohl zu einer anderen Person als auch zu sich selbst. Er hat damit für sie auch eine Komponente der Selbsterfahrung. Als trans* Person sieht sie sich in einer »experimentellen Situation«, die es ihr ermögliche, eine Sexualität unabhängig von geschlechtlichen Normen zu etablieren. Dabei distanziert sie sich sowohl von einer heteronormativen Mehrheitsgesellschaft als auch von queeren Normen, die sie innerhalb ihrer Community wahrnimmt. Sie setzt sich intensiv mit der sexuellen Kultur und den Kulturunterschieden in der FLT- und der schwulen Community auseinander. Dabei betont sie, dass ihr persönlich das »einfach anfassen«, sprich nonverbale Konsensverhandlungen in der schwulen Community mehr entspreche als die detaillierten verbalen Absprachen in der FLT-Szene. Auch für Lucia spielt BDSM in der Sexualität eine erhebliche Rolle. Sowohl im BDSM als auch in der Sexualität nehme sie sowohl dominante bzw. insertive wie submissive bzw. rezeptive Rollen ein. Sie beschreibt dabei die Lust an der eigenen Aggression, Sadismus, Macht und der Unterwerfung ihres Gegenübers und betont, dass sie gerne so »toppt«, wie sie selbst gerne »getoppt werden wollte«. Die Freiheit dominant und insertiv zu sein bzw. »Sachen aus[zu]probieren, die stereotyp maskulin sind«, empfinde sie insbesondere seit ihre Weiblichkeit anerkannt werde. Sex ist für Lucia eine Ganzkörpererfahrung, bei der sie gerne verschiedene Stimulationszentren aufbaut. Gruppensex stellt für sie eine Möglichkeit dar, entsprechende Fantasien auszuleben. Außerhalb ihrer festen Beziehung sind auch für Lucia Sexparties ein wichtiger Ort, um Sexualität zu leben.

Strategien und Ressourcen: Lucia erlebt keine Geschlechtsinkongruenz, keine »wunden Punkte« in ihrer Körperlichkeit *(Kongruenzerleben)*. Zu ihrem Penis, den sie in der Regel als Klit bezeichnet *(Neucodierung)*, habe sie ein sehr positives Verhältnis. Eine Vulva und Vagina zu besitzen wäre für sie nur insofern interessant, als dass es weitere Organe wären, mit denen sie noch mehr Sinnlichkeit erleben könnte. Sexuelle Normen haben für Lucia nur marginale Bedeutung. So betont sie zum Beispiel, dass sie insertiv-penetrative Orgasmen zu vermeiden sucht, allerdings nicht, weil sie männlich konnotiert sind, sondern weil Lucia sie als »belanglos«, als eine »Verschwendung von Empfindsamkeit« wahrnimmt, die sie an anderer Stelle umfassender ausreizen könne. Sowohl Hetero- als auch Queernormativität lösen Abwehrreaktionen in ihr aus *(Unabhängigkeit von Normen)*. Gleichzeitig bezeichnet sie ihre *Transition*, in Lucias Fall die Östrogentherapie, als wichtige Voraussetzung für die sexuelle Freiheit, die sie gerade erlebe. Lucia wählt Partner_innen, die ihre Weiblichkeit akzeptieren und bestätigen. Die Anerkennung als weibliche Person ermögliche es ihr, eine aktiv penetrierende Rolle vollends auszufüllen. Ihre *Beziehung* erlebt sie als wichtige Ressource. Außerhalb der Beziehung fühle sie sich insbesondere im Kontakt mit anderen trans* Personen sexuell akzeptiert und verstanden. Von Menschen, die ihren Penis ablehnen oder »irgendetwas darauf projizieren«, ziehe sie sich zurück *(kompatible Gegenüber)*.

Sexueller (und geschlechtlicher) Lernprozess: Lucia beschreibt sich als schwul sozialisiert. Sie habe sich diese schwule Identität allerdings als Jugendliche bewusst »erarbeitet«, auf der Suche nach einer Identität, die ihr keine stereotyp heterosexuell-maskuline Rolle abverlange. Mit dem Trans*-Coming-out habe sie diese schwule Identität allerdings nicht abgelegt, sondern ausgeweitet. Die Verabschiedung aus der schwulen Community mit zunehmender Feminisierung empfindet sie auch als Trauerprozess. Feminisierung zu erfahren habe für Lucia etwas Heilsames und daher einen hohen Stellenwert. Gleichzeitig geht sie davon aus, dass es sich dabei um eine Übergangsphase handele und dass auch die Feminisierung, die jetzt wichtig und richtig sei, in einigen Jahren an Bedeutung verlieren werde. Die Ausweitung ihres sexuellen Repertoires auf aktive Penetration steht für sie nur bedingt im Zusammenhang mit der eigenen Transgeschlechtlichkeit, weil die Ausweitung vorher stattgefunden habe. Deshalb habe sie damals nicht darüber nachgedacht, dass aktive Penetration für eine Frau etwas »Dysphorisches« sein könne. Gleichzeitig betont sie, dass die Anerkennung als weibliche Person und die körperlichen Veränderungen durch die Transition wichtige Voraussetzungen dafür seien, sich »stereotyp maskuline« Elemente wie aktive Penetration anzueignen. Durch die Transition habe sie ein bewussteres und gestalterisches Verhältnis zu ihrem Körper erworben und sei sich selbst insgesamt sehr viel bewusster geworden. Als wichtigen Faktor für ihren Lernprozess benennt sie ihre Beziehung, in der sie nicht nur sehr offen miteinander seien und sich gegenseitig viel erlaubten, sie beschreibt auch, sich für ihren Partner sexuell weiterentwickelt zu haben. Weitere wichtige Faktoren seien ihre Therapie und die dortige Auseinandersetzung mit anderen Lebensthemen sowie der Austausch mit anderen Menschen. Lucia plädiert für eine aktive Auseinandersetzung mit der eigenen Sexualität und betont, dass insbesondere trans* Personen in einer experimentellen Situation seien, in der sie sich »aus verschiedenen sexuellen Kulturen Sachen borgen« könnten.

6 Julia

Sexuelles Profil: Julia beschreibt sich als trans*-feminin und nonbinär. Ihre sexuelle Orientierung beschreibt sie als queer. Queere Perspektiven, Diskurse und auch ihre Verortung in einer queeren Community machen einen wichtigen Teil ihres Selbstverständnisses aus. Sie interessiere sich für Menschen aller möglichen Geschlechter und diese Zuordnung empfinde sie mit der Zeit als immer weniger relevant. Für die Attraktion zu einem Gegenüber sei dessen Gesicht wichtiger als seine Genitalien. Sie ist seit etwa drei Jahren in einer festen monogamen Beziehung mit einer queeren cis Frau, wünscht sich allerdings, diese Beziehung sexuell zu öffnen. Sex bedeutet für Julia auch eine Begegnung zwischen zwei (oder mehr) Menschen, in der sie zwar einerseits das Vertraute einer langjährigen Beziehung schätzt, aber gleichzeitig auch das Neue und das aufregende Element, eine neue Person kennenzulernen. Die eigene Transgeschlechtlichkeit bedeutet für Julia einerseits eine Ressource, weil sie im Laufe ihres Prozesses viel an Selbstbewusstsein gewonnen habe, gleichzeitig aber auch ein Hindernis, weil sie als trans*-feminine Person für potenzielle Partner_innen weniger intelligibel sei als früher. In der praktischen Sexualität bevorzuge sie »alles, was rezeptiv ist«, von analer Penetration hin zu einer Sub-Rolle im BDSM. Sie genieße das Gefühl des Kontrollverlusts. Aktiv-insertive Penetration habe sie in der Vergangenheit praktiziert, sich dabei aber aufgrund der damit verbundenen Geschlechterassoziationen nicht wohlgefühlt. Insgesamt sei ihre Sexualität weniger auf Penetration als auf haptisches Erleben, Berührungen, Oralsex oder Küssen ausgelegt. Auch Orgasmen spielen dabei für sie eine wichtige Rolle. Für Julia ist es beim Sex wichtig, sich wohlzufühlen und mit sich selbst gut im Kontakt zu sein. Gleichzeitig betont sie, dass eine gute und vertrauensvolle Verbindung zum Gegenüber beim Sex wichtig sei, und wie sehr eine schlechte Verbindung, wie zum Beispiel zu wenig Sensibilität, aber auch zu viel verbale Absprache, die Qualität der Begegnung mindern könne.

Strategien und Ressourcen: Das Wissen um den eigenen Mut, der für die Transition notwendig war, und ein steigendes Selbstbewusstsein sowie abnehmender Alltagsstress mit fortschreitender *Transition* bestärken Julia auch in ihrem sexuellen Selbstbewusstsein *(Trans* als Ressource)*. Ihre Partnerin und deren Anerkennung ihres Geschlechts sind für Julia eine wichtige Ressource *(kompatible Gegenüber/Beziehung)*. Julia besetzt ihre Genitalien beim Sex mit Vorstellungen eines cisweiblichen Körpers. So wird der Anus zur »Pussy« oder die Glans zur Klitoris. Das kommt auch sprachlich zum Ausdruck, so spricht sie gelegentlich von ihrer »Klit« *(Imagination und Neucodierung)*. Auch wenn der eigene Körper nicht ihren Wunschvorstellungen entspreche und sie durchaus Ambivalenzen in Bezug auf ihn empfinde, sei das der Körper, den sie habe und mit dem sie »Sexualität [...] auf sehr unterschiedliche Art und Weise entdeckt« habe *(Kompromiss mit sich selbst)*. Julia fühlt sich wohl in sexuellen Beziehungen, die »ganz losgelöst [...] von Körper-Gender-Zuordnungen« sind *(Unabhängigkeit von Normen)*.

Sexueller (und geschlechtlicher) Lernprozess: Julia beschreibt ihren eigenen, sexuellen und geschlechtlichen Entwicklungsprozess als »Struggle«, der nicht immer geradlinig verlaufen sei, nicht »immer besser« geworden und auch noch nicht abgeschlossen sei. Julia unterscheidet zwischen ihrem sexuellen und geschlechtlichen Lernprozess, obwohl beide eng miteinander zusammenhingen. Sie beschreibt den »Gender-Suchprozess« als den schwierigeren der beiden. Ihre sexuelle Weiterentwicklung sei eine Voraussetzung dafür gewesen, eine Transition überhaupt erst in Erwägung ziehen zu können. Die erste aktive Auseinandersetzung habe schon mit 17/18 Jahren stattgefunden, als sie angefangen habe, sich für Feminismus zu interessieren und sich über diese Auseinandersetzung in queere und konstruktivistische Diskurse eingelesen habe, was zu einer ersten genderqueeren Identitätsverschiebung geführt habe. Sie benennt zwei weitere Schlüssel- oder Initialmomente, die einen erneuten Auseinandersetzungsprozess mit ihrem Geschlecht ausgelöst haben: die erste Beziehung, in der sie sich sexuell vollständig wohlgefühlt habe, sowie ein Buch, *Stone Butch Blues* von Leslie Feinberg, ein Klassiker der trans* bzw. queeren Literatur. Sie beschreibt ihren Prozess als Suche und betont die Faktoren Zeit, aktive Auseinandersetzung, sowohl auf literarischer als auch akademischer Ebene, sowie den Austausch mit queeren Freund_innen und Partner_innen als wichtige Elemente darin. Bezüglich ihrer heutigen Partnerin betont sie, dass nicht nur sie selbst, Julia, sondern auch ihre Partnerin einen sexuellen Lernprozess durchlaufen habe, in der Beziehung mit ihr als trans*-femininer Person. Repräsentation von Trans*-Sexualität ist für Julia ein wichtiges Lernmittel. Sie benennt dabei insbesondere queere Sex-Literatur (Ratgeber, Trans*-Erotika), aber auch (queer)feministische Pornografie. Ihr Prozess war für Julia eine lange Reihe an Überwindungen von Hindernissen und Barrieren, angefangen mit einer Kindheit in den 80er Jahren auf dem Land bis hin zur verdeckten Transitionsskepsis in der eigenen queerfeministischen Community. Dabei betont sie die Auseinandersetzung mit ihren eigenen Ängsten, Zweifeln und verinnerlichter Transphobie. Das Verlernen von Cis- bzw. Heteronormativität sei für sie nicht nur ein kognitiver, sondern auch ein körperlich verankerter Prozess gewesen, in dem sie sich ihre Selbstbeschreibung »nicht-binär« auch körperlich angeeignet habe. Teil ihrer sexuellen Weiterentwicklung war es auch, aktiv-penetrativ-insertiven Geschlechtsverkehr hinter sich zu lassen und sich stattdessen mit »besseren Dingen« zu beschäftigen.

VII Diskussion

Die vorgestellten Ergebnisse werden zunächst mit dem Forschungsstand abgeglichen, zuerst im Bereich *individuelle Sexualität,* dann *Strategien und Ressourcen* und im Anschluss zum *sexuellen Lernprozess.* Es folgen Ausführungen zu Limitationen der Studie und der Generalisierbarkeit der Ergebnisse.

1 Abgleich von Ergebnissen und Forschungsstand

Die sexuellen Orientierungen der Teilnehmer_innen dieser Studie sind vielfältig, mit einem deutlichen Schwerpunkt im queeren bzw. pansexuellen Bereich und einer Minderheit im heterosexuellen Spektrum. Dies deckt sich mit den Ergebnissen von Kuper et al. (2012) sowie Doorduin und van Berlo (2014). Auch die gelebte Sexualität ist vielfältig. Die meisten TN praktizieren und mögen sowohl insertiven als auch aufnehmenden penetrativen Verkehr. Zwar werden in der Wissenschaft inzwischen zunehmend trans* Männer diskutiert, die aufnehmend vaginalen Verkehr genießen (vgl. Edelman & Zimman, 2014; Schilt & Windsor, 2014), trans* Frauen, die selbstverständlich insertiv-penetrativen Verkehr genießen, werden jedoch bisher vor allem in der Community-Literatur besprochen (Bellwether, 2010; Hill-Meyer & Scarborough, 2014). In Community-Literatur werden jedoch auch spezifisch trans*-weibliche Sexualpraktiken beschrieben, wie zum Beispiel Muffing, die von den TN dieser Studie nicht benannt wurden (ebd.). Der große Stellenwert, den BDSM im Leben der TN einnimmt, wurde im Rahmen dieser Literaturrecherche nur bei R. Bauer (2014, 2015, 2018a, 2018b) gefunden. Der deutliche Fokus auf nicht-monogame Beziehungs- und Lebensformen ist nach meinem Wissenstand so bislang nicht beschrieben worden. Die Nutzung von expliziten Sex-Räumen wie Sexparties, Sexclubs und -saunen wird jedoch bei Kruber (2016) angedeutet. Bisher ist mir keine Studie bekannt, die einen eigenen Schwerpunkt auf das ethische Wertesystem der TN in Bezug auf Sexualität legte, weshalb sich diese Ergebnisse nicht vergleichen lassen. So bleibt hier nur festzustellen, dass die TN sich mehrheitlich ein eigenes, individuelles Wertesystem erarbeitet haben, welches hohen ethischen Maßstäben folgt und konventionelle sexuelle Werte (wie z. B. serielle Monogamie) für sie ersetzt. Dies ist nicht sonderlich überraschend, da trans* Personen an sich, und diese TN im Besonderen, ja diverse sexuelle und geschlechtliche Normen durchbrechen und sich für die eigene Individualität entscheiden. Da liegt die kritische Auseinandersetzung mit anderen sexuellen Normen und Werten nicht fern.

Die Strategien, die die TN anwenden, um den scheinbaren Widerspruch von Geschlechtsidentität und Körperlichkeit zu überbrücken bzw. diese Differenz mit der Außenwelt zu verhandeln, decken sich mit denen, die in der Literatur beschrieben werden. Die Unterschiede liegen darin, welche Strategien in welchem Maße eingesetzt werden. So beschreiben Kruber (2016), Doorduin und van Berlo (2014) sowie Bauer (2015) verschiedene Strategien, mit massiver Geschlechtsinkongruenz umzugehen: Distanzierung, Differenzierung, Ignorieren des eigenen Körpers bzw. Agnosie. Diese Strategien werden von den TN dieser Studie sehr viel seltener benannt. Imagination hingegen nimmt auch in dieser Studie einen gewissen Stellenwert ein: Zumindest eine TN belegt ihre Genitalien mit Fantasien eines cisweiblichen Körpers (vgl. Doorduin & van Berlo, 2014; Kruber, 2016), zumindest ein trans*-männlicher TN arbeitet mit Einverleibung, bei der ein Strap-on als Penis in das psychische Selbstbild integriert wird (vgl. Bauer, 2015). Während Bauer dies allerdings als Erklärung rahmt, warum kein physischer Penis benötigt wird, gehen die TN dieser Studie noch einen Schritt weiter und lösen die Verknüpfung *Penis = männlich* und *Vagina = weiblich* vollends auf (vgl. auch Edelman & Zimman, 2014).

Hier liegt wahrscheinlich der deutlichste Unterschied zu den Ergebnissen der meisten anderen Studien. Geschlechtsdysphorie und individuell empfundene Geschlechtsinkongruenz nehmen einen deutlich geringeren Stellenwert ein. Tatsächlich erleben sich die TN mehrheitlich als geschlechtskongruent. Dies steht in deutlichem Widerspruch zu Studien wie zum Beispiel Kruber (2016), die konstatieren, trans* Frauen könnten sich ohne Neovagina nicht vollständig als Frau fühlen und trans* Männer, die keine Genitalangleichung anstrebten, fänden sich lediglich pragmatisch mit den Tatsachen ab. Die TN dieser Studie passen jedoch ihre Genitalien nicht an die cisgeschlechtliche Norm an, stattdessen wird die Norm dekonstruiert. Es findet eine Verschiebung der Bedeutung von Geschlechtsmerkmalen statt. Den Genitalien wird die Eigenschaft entzogen, Geschlecht anzuzeigen. Die TN setzen geschlechtliche Identität über Körperlichkeit und weisen geschlechtliche Normen und Stereotype dabei für sich zurück. Dies wird zwar bei Autor_innen wie Edelman und Zimman (2014) und Schilt und Windsor (2014) angerissen, wurde aber in dieser Deutlichkeit, außerhalb von Community-Literatur (vgl. Geldermann et al., 2017; Hill-Meyer & Scarborough, 2014), bisher nicht herausgearbeitet. Statt den Genitalien wird den sekundären Geschlechtsmerkmalen deutlich mehr Bedeutung zugesprochen, die dementsprechend auch zum großen Teil an das Geschlechtsempfinden angepasst werden. Dies deckt sich einerseits mit den Ergebnissen von Schilt und Windsor (2014), andererseits finden sich hier wieder deutliche Übereinstimmungen zu Kruber, nämlich dass eine Reduktion der individuellen Geschlechtsinkongruenz hilfreich oder notwendig sein kann, um eine ganzheitliche Sexualität zu entwickeln (Kruber, 2016).

Dementsprechend sind für die TN dieser Studie eher Strategien bedeutend, wie sie mit der Außenwelt umgehen können, die ihre Deutung der Genitalien nicht teilt. So sind für die TN in dieser Studie passende Partner_innen von enormer Bedeutung. Passende Partner_innen sind, neben vielen anderen Aspekten, Partner_innen, die die geschlechtliche Selbstverortung der TN akzeptieren und/oder weiter bestärken. Dies wird auch in der Literatur vielfach als Strategie benannt (Bettcher, 2014; Doorduin & van Berlo, 2014; Kruber, 2016). Dabei benennt Kruber (2016) die Existenz einer festen Partnerschaft als Voraussetzung und Indikator für sexuelle Zufriedenheit. Dies konnte hier nicht bestätigt werden. Die TN dieser Studie sind mit ihrer Sexualität zufrieden. Es sind jedoch einige nicht in festen Partnerschaften oder leben ihre Sexualität nicht primär in der Partnerschaft aus.

Zum Aspekt des sexuellen Lernprozesses von trans* Personen ist bisher wenig publiziert worden. Zumindest sind trotz sorgfältiger Literaturrecherche keine Publikationen zutage getreten, die sich diesem Thema gewidmet haben. Die Ergebnisse lassen sich jedoch gut mit Bettchers Theorie des erotischen Strukturalismus vereinen (Bettcher, 2014). Einige TN haben ihre These in den Interviews direkt bestätigt: Um sich gegenüber anderen sexuell zu öffnen und ganzheitliche Sexualität zu erleben, ist es zumindest hilfreich, sich der eigenen vergeschlechtlichten Idee des erotischen Selbst bewusst zu sein. Übereinstimmend mit Doorduin und van Berlo (2014) kann außerdem festgehalten werden, dass sich die meisten TN nach ihrer individuell gestalteten Transition sexuell besser entfalten können als vorher; zum Teil ist vor der Transition eine ganzheitliche Sexualität gar nicht lebbar. Anderen TN gelingt diese Entwicklung auch vor der Transition sehr gut und für wieder andere waren ihre sexuellen Entwicklungsschritte ein Kompass, der sie erst zu ihrem inneren Trans*-Coming-out hingeführt hat. Andere haben über das Spiel mit Geschlechtsidentität im BDSM ihre Transgeschlechtlichkeit entdeckt, wie es auch von Bauer (2015) beschrieben wurde. Einzelne TN beschreiben eine Verschiebung ihrer Präferenzen in der Partnerwahl, zum Beispiel von lesbischen Frauen hin zu schwulen Männern (vgl. Bettcher, 2014; Schilt & Windsor, 2014).

In Übereinstimmung mit Kruber (2016) kann festgehalten werden, dass sexuelle Zufriedenheit erlernbar ist. Kruber führt dafür insbesondere Sexparties als Lernfeld an. Dem können hier noch allgemeines Experimentieren und Ausprobieren, der Austausch und Kontakt mit Partner_innen und Community, Literatur und Medien zu Trans*-Sexualität, Selbstbefriedigung, der Faktor Zeit und in seltenen Fällen Psychotherapie hinzugefügt werden. Die Seltenheit, mit der Psychotherapie im sexuellen Lernprozess als hilfreich beschrieben wurde, verdient genauere Betrachtung. Einerseits ist es möglich, dass die TN nur vergessen haben, eine hilfreiche Psychotherapie im Interview zu erwähnen. Durchaus möglich wäre auch, dass die TN einen Großteil ihres Entwicklungsprozesses erlebten, bevor die verpflichtende Psychotherapie begonnen wurde – oder dass diese komplett umgangen wurde. Andererseits ist es möglich, dass gar keine echte Psychotherapie zustande kam; dass die verpflichtenden Stunden nur *abgesessen* wurden oder dass die eigene Biografie gemäß des Trans*-Narrativs in der Therapie geschönt wurde (vgl. Hamm & Sauer, 2014) und damit gar kein Raum war, die eigene sexuelle Entwicklung offen und vertrauensvoll zu thematisieren. In jedem Fall scheint es ein hervorzuhebendes Ergebnis, wenn die einzige Bevölkerungsgruppe, die aus medizinischen Gründen zur Psychotherapie gezwungen wird, diese in vier von fünf Fällen nicht als hilfreich erwähnt.

Im sexuellen (und geschlechtlichen) Entwicklungsprozess kann ein neues, besseres Verhältnis zum eigenen Körper erreicht werden, ein individueller Umgang mit den eigenen Genitalien, das Geschlechterbild an sich kann erweitert und sexueller Leistungsdruck verlernt werden. Auch führen die physischen Veränderungen einer medizinischen Transition zu veränderten Reaktionen des Körpers in der Sexualität, was ein Neu-Kennenlernen des eigenen sexuellen Körpers notwendig machen kann. Letzteres wird auch in der Literatur bestätigt (Doorduin & van Berlo, 2014; Hill-Meyer & Scarborough, 2014; Kruber, 2016). Gleichzeitig sollte betont werden, dass keine_r der TN angegeben hat, sich ein positives Verhältnis zum eigenen Genital erarbeitet zu haben. Die TN geben mehrheitlich an, dies sei schon immer so gewesen. Das wirft die Fragen auf, ob ein solch positives Verhältnis erlernt, also ob Genitaliendysphorie tatsächlich verlernt werden kann, und wo die Grenzen des sexuellen Lernprozesses liegen.

2 Limitationen, Generalisierbarkeit und Validierung

Die Ergebnisse dieser Studie sind nicht repräsentativ, sondern explorativ. Zum einen handelt es sich um eine qualitative Studie und nicht um eine quantitative. Zum anderen handelt es sich hier zwar um eine Studie zu Trans*-Sexualität, es wurden aber nicht trans* Personen allgemein befragt, sondern eine spezifische Subgruppe von trans* Personen: trans* Personen (in Berlin), die mit ihrer Sexualität zufrieden sind und keine Genitalangleichung anstreben. Dieser Fokus wurde bewusst gewählt, um den jahrzehntelangen Narrativen des Leids um Trans*-Sexualität etwas entgegenzusetzen – ein Narrativ, das in dieser Form bis heute besteht, auch weil diese spezifische Subgruppe bisher nicht zu Wort gekommen ist.

Die Ergebnisse dieser Studie zeigen also nicht, wie Sexualität für trans* Personen *ist*, sondern wie sie *auch sein kann* – und was dabei helfen könnte, an diesen Punkt zu kommen. Bezogen auf die tatsächliche Stichprobe haben die Ergebnisse eine hohe Qualität. Durch die kommunikative Validierung der Ergebnisse in der partizipativen Feedbackschleife und der gesonderten Freigabe wörtlicher Zitate wurde sichergestellt, dass die Ergebnisse tatsächlich das aussagen, was die Teilnehmer_innen ausdrücken wollten. Dies ist ein Gütekriterium, das quantitativen – und den meisten qualitativen – Studien fehlt.

Damit widerlegt diese Arbeit die oft immer noch unhinterfragte Vorannahme, dass trans* Personen per se ihre Genitalien nur widerwillig oder unter Erfahrungen von körperlicher Dysphorie in der Sexualität einsetzen. Um Missverständnisse zu vermeiden: Es ist kein Ergebnis dieser Studie, dass es trans* Personen gibt, die keine Genitalangleichung planen und mit ihrer Sexualität zufrieden sind – das war schließlich eine Teilnahmebedingung. Ergebnis dieser Studie ist, wie (einige) Personen dieser spezifischen Subgruppe ihre Sexualität gestalten. Auch für diese Subgruppe kann selbstverständlich keine Repräsentativität angenommen werden. Es wäre absurd, anzunehmen, BDSM oder der Besuch von Sexparties gehörten für alle trans* Personen zu einem erfüllten Sexleben dazu. Trotzdem kann aufgrund des theoretischen Samplings von einer eingeschränkten Form der Generalisierbarkeit ausgegangen werden – und zwar für die Gruppe der Angehörigen dieser Subgruppe *im Raum Berlin*. Der Faktor Berlin darf hier keinesfalls unterschätzt werden, da Berlin ein Ort ist, der diverse sexpositive Subkulturen beherbergt. Dazu gehören sowohl eine ausgeprägte BDSM-Szene als auch eine Sexparty-Kultur. (Trans*) Personen aus allen Teilen Deutschlands und der Welt ziehen deshalb nach Berlin. Das prägt natürlich auch den Community-Diskurs vor Ort.

Diese Ergebnisse lassen sich aber natürlich abstrahieren. So lässt sich konstatieren, dass für die TN dieser Forschung die Unabhängigkeit von sexuellen und geschlechtlichen Normen eine große Rolle spielt. Die TN bewerten die Anerkennung von Geschlechtsidentität höher als die Kongruenz ihrer Körper mit cisgeschlechtlichen Körperbildern. Sie trauen sich, die sexuellen Möglichkeiten auszuleben, die ihnen ihre Umgebung anbietet. Dabei agieren sie hochreflektiert und haben sich strikte ethische Rahmenbedingungen hierfür gegeben. Und sie leben diese Freiheit eingebettet in eine Kultur, in der sie Peers, Gleichwertige, sind. Und dies sind Ergebnisse, die sich wohl generalisieren lassen: dass (trans*) Personen, die sich frei machen von unpassenden Normen, sich stattdessen ein für sie passendes Wertesystem geben und durch ihre Community und Partner_innen Unterstützung und Akzeptanz erfahren (und die Zugang zu den für sie notwendigen Transitionsschritten haben), eine individuelle Sexualität entwickeln können, die sie für sich selbst als gut empfinden. Dabei *können* all die Lernmittel hilfreich sein, die in dieser Studie herausgearbeitet wurden.

VIII Resümee und Ausblick

Nach einer kurzen Zusammenfassung der Ergebnisse folgt eine Reflexion der angewandten Methodik, es werden verbleibende Forschungslücken und weiterer Handlungsbedarf benannt und Impulse für die Beratungsarbeit vorgestellt.

1 Zusammenfassung der Ergebnisse

Die individuelle Sexualität von trans* Personen, die keine Genitalangleichung anstreben, ist vielfältig. Trans*-Sexualität ist vielfältig. Die sexuellen Orientierungen sind vielfältig. Auch das individuelle Verständnis der Teilnehmer_innen von Sex ist vielfältig und ganzheitlich und eher an sexueller Erregung festgemacht als an einem potenziellen Akt der Penetration. Wenn man über die Sexualität von trans* Personen spricht, darf man mitnichten den Fehler machen, cis- bzw. heteronormative Konventionen vorauszusetzen. Geschlechtsidentität, Genitalienstatus und sexuelle Rolle müssen für guten Sex bzw. gelingende Sexualität nicht stereotyp zusammenfallen. Die gesellschaftlichen Bedeutungen von Geschlechtsmerkmalen und sexuellen Akten sind dekonstruierbar. Der Besitz einer Vagina macht einen trans* Mann nicht zur Frau und mit dem eigenen Penis zu penetrieren macht eine trans* Frau nicht zum Mann. Trans* Frauen penetrieren und trans* Männer nehmen auf – und trans* Frauen nehmen auf und trans* Männer penetrieren. Das Gleiche gilt für non-binäre Personen. Der Grad an Identifizierung mit dem einen oder anderen der beiden großen Geschlechter sagt nichts darüber aus, in welchem Maße Menschen lieber aufnehmen oder penetrieren. Gelingende Sexualität ist das, was den beteiligten Partien Spaß macht, nicht das, was gesellschaftliche Rollenvorstellungen implizieren. Dabei legen die TN großen Wert auf Konsens und (Selbst-)Fürsorge. Sex wird nur dann als schlecht empfunden, wenn sie mit sich selbst oder ihrem sexuellen Gegenüber nicht gut in Kontakt kommen. Ähnlich wie bei sexuellen Praktiken an sich folgen die TN auch bei den Rahmenbedingungen für Sexualität nicht den gesellschaftlichen Konventionen. Ein Großteil lebt in offen nicht-monogamen Beziehungskonstellationen. Für diese werden verbindliche Regeln mit hohen ethischen Standards festgelegt. Bedürfnisse werden kommuniziert und verhandelt. Offen sexinklusive oder -explizite Räume wie Sexparties, Playparties, Sex-Saunen und Sexclubs spielen eine wichtige Rolle. Hier ist auch der Faktor Berlin von Bedeutung, da diese Räume in anderen Städten nicht in dieser Vielzahl zur Verfügung stehen.

Die Teilnehmer_innen können auf eine Reihe von intrapsychischen und kollektiven Ressourcen zurückgreifen, die ihnen diese Sexualität ermöglichen. Wichtigster Punkt dabei ist die Dekonstruktion der sexuellen bzw. geschlechtlichen Norm, die besagt, dass Männer einen Penis besitzen und Frauen eine Vagina und dass Sex bedeute, dass Männer Frauen mit ihrem Penis vaginal penetrieren. Diese Norm wird gleich auf drei Ebenen dekonstruiert: intrapsychisch durch die TN, interaktionell über die Anerkennung durch ihre sexuellen Gegenüber und kollektiv durch die Community, in der sich die TN bewegen. Damit stellen die Genitalien der TN keinen Widerspruch zu ihrer Geschlechtsidentität dar und können, befreit von dem Ballast, ein geschlechtsanzeigendes Organ zu sein, nach Lust und Belieben in der Sexualität eingesetzt werden. Determinierend für die Geschlechtszugehörigkeit sind nicht die Genitalien, sondern ist die Identität der Person. Den sekundären Geschlechtsmerkmalen messen die TN jedoch sowohl für das Passing als auch für das persönliche körperliche Wohlbefinden Bedeutung bei, weshalb diese im Rahmen einer Transition im gewünschten Maße an das

Körperbild angeglichen werden. Hiernach erleben sich die TN überwiegend als geschlechtskongruent. Dabei arbeiten sie zum Teil auch mit psychischen Veränderungen des Körperbilds wie Imagination, Neucodierung und der Integration von verschiedenen Aspekten geschlechtlichen Erlebens, die nicht vollständig zu ihrer Geschlechtsidentität passen. Im Laufe ihrer Biografie haben alle Teilnehmer_innen eine erhebliche Souveränität entwickelt, sich in einer Welt, die nicht auf sie ausgerichtet ist, als sexuelle und geschlechtliche Wesen zu behaupten.

Die Teilnehmer_innen verstehen ihren eigenen sexuellen Lernprozess insbesondere als einen des Ausprobierens, Suchens und Experimentierens, der oftmals mit einer bewussten Entscheidung beginnt oder bewusst gestaltet wird. Dieser Lernprozess findet vor allem außerhalb von offiziellen Bildungsangeboten oder institutionalisierten Formen der Auseinandersetzung statt. Nur eine einzige TN hat Psychotherapie in ihrem sexuellen Entwicklungsprozess als hilfreich beschrieben. Ungeklärt bleibt, ob die restlichen TN die zur Transition gehörende Zwangstherapie umgangen haben oder ob diese im sexuellen und geschlechtlichen Entwicklungsprozess nicht als hilfreich erlebt wurde. Auch trans*-sexuelle Bildungsangebote scheinen wenig bis nicht existent. Das, was sexuellen Bildungsangeboten noch am nächsten kommt, sind Ratgeber, Trans*-Erotika und -Pornografie. Als hilfreich erleben die TN auch persönlichen Austausch mit Community und Partner_innen und den Besuch von Sex-Räumen wie Sexparties, Playparties, Saunen und Sexclubs. Für viele spielt auch BDSM eine erhebliche Rolle. Die persönlichen Lern- bzw. Entwicklungsprozesse in den Bereichen Sex, Geschlechtsidentität und/oder BDSM überschneiden sich häufig oder bedingen sich gegenseitig. Viele TN haben im Laufe ihres Prozesses ein besseres Verhältnis zu ihrem Körper und eine ganzheitliche Sexualität entwickeln können. Dabei haben es sich manche angeeignet, ihren Penis penetrierend oder die Vagina rezeptiv einzusetzen, andere haben sich erarbeitet, genau dies nicht mehr zu tun. Auch die Dekonstruktion der beschriebenen sexuellen bzw. geschlechtlichen Normen war Teil des Lernprozesses. Der sexuelle Lernprozess hat jedoch auch Grenzen. Keine_r der TN hat durch diesen Prozess eine Genitaliendysphorie abgelegt. Das positive Verhältnis zum eigenen Genital sei immer schon vorhanden gewesen.

2 Reflexion der angewandten Methodik und des Vorgehens

Im Rückblick auf die vergangenen zwei Jahre bzw. auf die vier Jahre, seitdem die Idee für diese Studie entstanden ist, würde ich vieles wieder genauso machen, wie ich es gemacht habe – und einiges anders. So war diese Studie ganz ursprünglich als Gruppendiskussion im Anschluss an ein sexuelles Bildungsangebot, einem Wochenendworkshop, gedacht. Die Idee entstand nach einem Körperarbeitswochenende für trans* Männer im Mai 2016, an dem ich selbst als Besucher teilnahm und das mit einem sehr vertrauensvollen und bereichernden Austausch zu Sexualität endete. Die Idee wurde jedoch nach reiflicher Überlegung wieder verworfen, weil Gruppendiskussionen eher kollektive Deutungsstrukturen als individuelles Handeln abbilden und das Thema ein sehr intimes ist. Es war richtig, von dieser ursprünglichen Idee Abstand zu nehmen und stattdessen persönliche Interviews in einem geschützten Rahmen zu führen. In der ursprünglichen Idee liegen jedoch zwei Gedanken, die durch das durchgeführte Design vernachlässigt wurden: zum einen, dass Sexualität eben nicht nur individuell ist, sondern auch kollektiv konstruiert wird durch die Communities, in denen wir uns bewegen – und Communities außerhalb des Mainstreams produzieren sexuelle Kulturen außerhalb des Mainstreams. Die kollektiven Community-Konstruktionen von Trans*-Sexualität zu beleuchten wäre weiterhin interessant. Zum anderen reflektiert das ursprüngliche Design bereits den Mangel, der in dieser Studie zutage getreten ist: Es gibt kaum sexuelle Bildungsangebote für trans* Personen. Ein

Wochenendseminar mit anschließender Diskussion hätte hier nicht nur beschreibend, sondern auch als Intervention gewirkt.

In Bezug auf Datenschutz, Interaktion auf Augenhöhe und Beteiligung der TN am Forschungsprozess bin ich mit dem durchgeführten Verfahren mit seinen partizipativen Elementen sehr zufrieden, auch wenn das Verfahren sehr aufwendig war. Ich veröffentliche diese Arbeit in der Gewissheit, dass die Ergebnisse, die ich präsentiere, dem entsprechen, was meine Teilnehmer_innen mir und der Wissenschaft vermitteln wollten. Auch die Verschiebung der Interviewtechnik nach dem Probeinterview hin zu einer freieren Methode bewerte ich als richtig. Zwar war es lehrreich, die strengere Methode nach Helfferich auszuprobieren. Bei meiner nächsten Studie würde ich jedoch von Anfang an stärker nach Kaufmann arbeiten.

Ich sehe jedoch Verbesserungspotenzial beim methodischen Vorgehen. Ein einzelnes Interview ist eben immer nur eine Momentaufnahme und es gibt viele Fragen, die ich den Teilnehmer_innen im Nachhinein gerne noch gestellt hätte – so, wie die TN auch die verschiedenen Möglichkeiten genutzt haben, ihre Erzählungen zu ergänzen. Würde ich heute mit dieser Forschung aufs Neue anfangen, würde ich weniger Teilnehmende, diese dafür jedoch mehrfach interviewen, um ihre Prozesse besser zu verstehen und analysieren zu können. Und ich würde *eine* Forschungsfrage formulieren statt dreien.

3 Forschungslücken und weiterer Handlungsbedarf

Insgesamt betrachte ich die Thematik mit dieser Studie nicht als abgeschlossen, sondern gerade als eröffnet. Aus der Arbeit ergeben sich eine Vielzahl neuer Fragen und Ideen für weitere Forschungsdesigns. So wäre beispielsweise eine quantitative Studie zur gelebten Sexualität von trans* Personen in Deutschland hilfreich und wünschenswert. Diese müsste natürlich in einem nicht-klinischen Setting stattfinden, die TN dürften nicht in Kliniken rekrutiert werden und nicht in einem Abhängigkeitsverhältnis zu den Forscher_innen stehen. Das Forschungsdesign dürfte nicht auf cis- bzw. heteronormativen Vorannahmen zu Penetration, Genitaliennutzung und -bezeichnung aufbauen und es müsste selbstverständlich partizipativ angelegt sein. Weiter wäre eine kritische Studie dazu, wie Sexualität in der psychotherapeutischen Arbeit mit trans* Personen besprochen wird, interessant. Diese müsste auch beleuchten, welche Angebote bzw. Signale Psychotherapeut_innen aussenden müssen, um trans* Personen ein offenes Sprechen über Sexualität zu ermöglichen. Außerdem wäre die Entwicklung von sexuellen Bildungsangeboten für trans* Personen dringend notwendig. Dies könnte auch mit evaluativer Begleitforschung verbunden werden, die ermittelt, welche Angebote für trans* Personen hilfreich sind, und ob diese neben sexueller Zufriedenheit beispielsweise auch das Körpergefühl verbessern können.

4 Impulse für die Beratung

Was folgt nach all diesen Ausführungen, der Theorie, den Ergebnissen, den Biografien und ihrer Interpretation schlussendlich für die Praxis? In diesem letzten Abschnitt verknüpfe ich die Ergebnisse der Studie mit meinen Erfahrungen als systemischer Trans*-Berater. Die folgenden Impulse lassen sich daraus für die Beratungspraxis ableiten.

Psychosoziale Berater_innen sollten davon ausgehen, dass Sexualität für trans* Klient_innen ein Thema ist. Es kann einerseits ein schmerzhaftes und schambehaftetes Thema sein, andererseits ein ganz selbstverständliches, über das gegebenenfalls auch ein deutlicher Redebedarf besteht. Dabei sollten Berater_innen einerseits auf *alles* gefasst sein, andererseits *nichts* als gegeben voraussetzen. Sie sollten davon ausgehen, dass ihre Klient_innen homosexuell, heterosexuell, bi- bzw. pansexuell oder asexuell sein könnten. Dabei muss die sexuelle Orientierung der Klient_innen nicht notwendigerweise zur Geschlechtsidentität ihrer Partner_innen passen und umgekehrt. So kann zum Beispiel ein schwuler trans* Mann in Beziehung mit einer lesbischen Frau sein. Berater_innen sollten darauf gefasst sein, dass Themen wie BDSM oder polyamouröse Beziehungen zur Sprache kommen können. Sie sollten auch davon ausgehen, dass diese Themen im Hintergrund stehen könnten, ohne zur Sprache gebracht zu werden. Sie sollten nicht davon ausgehen, dass alle Klient_innen eine Genitalangleichung anstreben. Berater_innen sollten davon ausgehen, dass viele trans* Personen ihre Genitalien selbstverständlich in der Sexualität einsetzen *und* sie sollten davon ausgehen, dass viele das selbstverständlich *nicht* tun. Dementsprechend sollten auch Aspekte der sexuellen Gesundheit aus allen Perspektiven betrachtet werden. So sollten bei der Besprechung von Hormontherapien auch immer deren Auswirkungen auf die Fertilität, also Schwangerschaftsrisiko und -chancen mitbedacht werden. Zurück zu dem Beispiel: Nur weil ein trans* Mann in einer Beziehung mit einer Frau ist, heißt das noch lange nicht, dass Schwangerschaft deshalb kein Thema ist. Es könnte sein, dass er zusätzlich auch schwulen Vaginalsex mit cis Männern hat. Es könnte sein, dass beide einen Kinderwunsch haben und er derjenige ist, der das Kind austragen soll oder möchte. Und es könnte sein, dass seine Partnerin selbst trans* ist und beide gemeinsam versehentlich oder absichtlich ein Kind zeugen.

Kurz: Berater_innen sollten ihre cis-, hetero-, homo-, trans*- und queer-normativen Vorannahmen hinterfragen und davon ausgehen, dass alles auch ganz anders sein könnte. Dabei sollten sie ihren Klient_innen folgen, empathisch zugewandt zuhören und vermitteln, dass das, was die Klient_innen erzählen, nicht ungewöhnlich ist. Um zu dem Beispiel der Genitaliennutzung zurückzukommen: Berater_innen sollten vermitteln, dass beides *normal* ist.

Weiterhin sollten Berater_innen nicht davon ausgehen, dass alle relevanten Hintergrundinformationen sofort benannt werden. So wie Berater_innen oft Annahmen haben, die sie nicht hinterfragen, weil sie sie als selbstverständlich voraussetzen, geschieht dies auch häufig auf Klient_innenseite. Je länger Menschen sich souverän und selbstverständlich in ihrer eigenen Welt bewegen, umso leichter vergessen sie, ihre spezifischen Lebensumstände zu erwähnen, weil sie sie nicht mehr für besonders erwähnenswert halten. Gleichzeitig geschieht es häufig, dass bestimmte Themen *vorerst* nicht angesprochen werden, weil Klient_innen sie als heikel einstufen. Sie befürchten, den_die Berater_in zu überfordern oder, dass ihr Gegenüber ignorant und/oder diskriminierend auf ihre spezifischen Lebensumstände reagieren könnte. Dies gilt ganz besonders für Themen rund um Sexualität. Beide Seiten müssen hier Arbeit in den Aufbau einer Vertrauensbasis und tragfähigen Arbeitsbeziehung stecken. Berater_innen sollten, wenn vorhanden, aktiv die Bereitschaft und Kompetenz signalisieren, über trans*-sexuelle Themen zu sprechen und zu ihnen zu arbeiten. Wenn nicht vorhanden, sollten sie sich aktiv weiterbilden, um diese Kompetenz zu erwerben. Denn über Sexualität zu sprechen erfordert Übung; insbesondere wenn diese von den konventionellen Erzählungen abweicht.

Beim Sprechen über Sexualität sollten Berater_innen außerdem auf Ressourcen und bisher ungenutzte Potenziale oder ungelebte Bedürfnisse lauschen. Sie sollten davon ausgehen, dass die Person, die ihnen gegenübersitzt, ihren sexuellen Lernprozess noch nicht abgeschlossen oder vielleicht gerade erst begonnen hat. Manche Klient_innen haben ein enges, starr festgelegtes Bild von Sexualität und den Normen, die sie dabei erfüllen müssten, zum Teil ohne jegliche sexuelle Erfahrung und oftmals ohne je von alternativen Modellen gehört zu haben. Hier sollten Berater_innen auf alternative sexuelle Konzepte hinweisen und bei Interesse weitergehende Informationen oder eine ausführlichere Thematisierung in der Beratung anbieten, ohne jedoch diese Konzepte als *besser* oder die der Klient_innen als *begrenzt* zu bewerten. Sie sollten ihren Klient_innen anbieten, mit der beraterischen Taschenlampe dorthin zu leuchten, wohin die Klient_innen sich vielleicht nicht trauen, alleine hinzublicken. Kurz, Berater_innen sollten, wenn sie sich selbst dazu in der Lage fühlen, anbieten im Prozess der sexuellen Selbsterfahrung beraterisch zu begleiten oder auf andere Angebote verweisen, die das leisten können.

Literatur

Auer, M.K., Fuss, J., Höhne, N., Stalla, G.K. & Sievers, C. (2014). Transgender Transitioning and Change of Self-Reported Sexual Orientation. *PLoS ONE, 9.* https://doi.org/10.1371/journal.pone.0110016

AWMF (2018). Geschlechtsinkongruenz, Geschlechtsdysphorie und Trans-Gesundheit: S3-Leitlinie zur Diagnostik, Beratung und Behandlung. https://www.awmf.org/leitlinien/detail/ll/138-001.html (11.02.2020).

Barriault, M. (2016). Bucking heteronormativity: Buck Angel as porn performer, producer and pedagogue. *Porn Studies, 3*(2), 133–146. https://doi.org/10.1080/23268743.2016.1184476

Bauer, G.R., Redman, N., Bradley, K. & Scheim, A.I. (2013). Sexual Health of Trans Men Who Are Gay, Bisexual, or Who Have Sex with Men: Results from Ontario, Canada. *International Journal of Transgenderism, 14*(2), 66–74. https://doi.org/10.1080/15532739.2013.791650

Bauer, R. (2014). *Queer BDSM Intimacies: Critical Consent and Pushing Boundaries.* Basingstoke: Palgrave Macmillan.

Bauer, R. (2015). Trans* Verkörperungen in queeren BDSM Praktiken. *Zeitschrift für Sexualforschung, 28*(01), 1–21. https://doi.org/10.1055/s-0034-1399128

Bauer, R. (2016). Desiring masculinities while desiring to question masculinity? How embodied masculinities are renegotiated in les-bi-trans-queer BDSM practices. *NORMA, 11*(4), 237–254. https://doi.org/10.1080/18902138.2016.1260262

Bauer, R. (2018a). Bois and grrrls meet their daddies and mommies on gender playgrounds: Gendered age play in the les-bi-trans-queer BDSM communities. *Sexualities, 21*(1–2), 139–155. https://doi.org/10.1177/1363460716676987

Bauer, R. (2018b). Cybercocks and Holodicks: Renegotiating the Boundaries of Material Embodiment in Les-bi-trans-queer BDSM Practices. *Graduate Journal of Social Science, 14*(2), 58–82.

Becker, S., Bosinski, H.A.G., Clement, U., Eicher, W., Goerlich, T.M., Hartmann, U., Kockott, G., Langer, D., Preuss, W.F., Schmidt, G., Springer, A. & Wille, R. (1997). Behandlung und Begutachtung von Transsexuellen. *Psychotherapeut, 42*(4), 256–262. https://doi.org/10.1007/s002780050074

Bellwether, M. (2010). *Fucking trans women: A zine about the sex lives of trans women*. o. A.: Eigenverlag.

Bettcher, T.M. (2014). When selves have sex: what the phenomenology of trans sexuality can teach about sexual orientation. *Journal of homosexuality, 61*(5), 605–620. https://doi.org/10.1080/00918369.2014.865472

Blank, H. & Kaldera, R. (2002). *Best transgender erotica*. Cambridge, MA: Circlet Press.

Brown, N.R. (2010). The sexual relationships of sexual-minority women partnered with trans men: a qualitative study. *Archives of sexual behavior, 39*(2), 561–572. https://doi.org/10.1007/s10508-009-9511-9

Butler, J. (2006). *Gender trouble: Feminism and the subversion of identity. Routledge classics*. New York: Routledge.

Bundesverband Trans*. (2016). *Paradigmenwechsel. Zum Reformbedarf des Rechts in Bezug auf Trans**. Berlin: Eigenverlag.

Cerwenka, S., Nieder, T.O., Cohen-Kettenis, P., Cuypere, G. de, Haraldsen, I.R.H., Kreukels, B.P.C. & Richter-Appelt, H. (2014). Sexual Behavior of Gender-Dysphoric Individuals Before Gender-Confirming Interventions: A European Multicenter Study. *Journal of Sex & Marital Therapy, 40*(5), 457–471. https://doi.org/10.1080/0092623X.2013.772550

Cerwenka, S., Nieder, T.O. & Richter-Appelt, H. (2012). Sexuelle Orientierung und Partnerwahl transsexueller Frauen und Männer vor körpermedizinischen geschlechtsanpassenden Maßnahmen [Sexual orientation and partnerchoice of transsexual women and men before gender-confirming interventions]. *Psychotherapie, Psychosomatik, medizinische Psychologie, 62*(6), 214–222. https://doi.org/10.1055/s-0032-1309030

Çetin, Z. (2014). Interaktion, Intervention, Interpretation: intersektionale Forschung zu binationalen, schwulen Partnerschaften. In H.v. Unger, P. Narimani & R. M'Bayo (Hrsg.), *Forschungsethik in der qualitativen Forschung: Reflexivität, Perspektiven, Positionen* (S. 191–208). Wiesbaden: Springer VS.

Coan, D.L., Schrager, W. & Packer, T. (2005). The Role of Male Sexual Partners in HIV Infection Among Male-to-Female Transgendered Individuals. *International Journal of Transgenderism, 8*(2–3), 21–30. https://doi.org/10.1300/J485v08n02_03

Costantino, A., Cerpolini, S., Alvisi, S., Morselli, P.G., Venturoli, S. & Meriggiola, M.C. (2013). A prospective study on sexual function and mood in female-to-male transsexuals during testosterone administration and after sex reassignment surgery. *Journal of Sex & Marital Therapy, 39*(4), 321–335. https://doi.org/10.1080/0092623X.2012.736920

Cuypere, G. de, T'Sjoen, G., Beerten, R., Selvaggi, G., Sutter, P. de, Hoebeke, P., Monstrey, S., Vansteenwegen, A. & Rubens, R. (2005). Sexual and physical health after sex reassignment surgery. *Archives of sexual behavior, 34*(6), 679–690. https://doi.org/10.1007/s10508-005-7926-5

Davy, Z. & Steinbock, E. (2012). »Sexing Up« Bodily Aesthethics: Notes towards Theorizing Trans Sexuality. In S. Hines & Y. Taylor (Hrsg.), *Sexualities: Past Reflections, Future Directions* (S. 266–285). Basingstoke: Palgrave Macmillan.

DGfE. (2016). Ethik-Kodex der Deutschen Gesellschaft für Erziehungswissenschaft (DGfE). https://www.dgfe.de/fileadmin/OrdnerRedakteure/Satzung_etc/Ethikkodex_2016.pdf (11.02.2020).

DGP. (o. J.). Fragen zur ethischen Reflexion. https://dg-pflegewissenschaft.de/wp-content/uploads/2017/05/FragenEthReflexion.pdf (11.02.2020).

DGS & BDS. (2014). Ethik-Kodex der Deutschen Gesellschaft für Soziologie (DGS) und des Berufsverbandes Deutscher Soziologinnen und Soziologen (BDS). https://bds-soz.de/BDS/fachgruppen/ethik/Ethik-Kodex_Satzung_141003.pdf (11.02.2020).

Diamond, M. (2011). *Trans/love: Radical sex, love, and relationships beyond the gender binary*. San Francisco: Manic D Press.

Doorduin, T. & van Berlo, W. (2014). Trans people's experience of sexuality in the Netherlands: a pilot study. *Journal of homosexuality, 61*(5), 654–672. https://doi.org/10.1080/00918369.2014.865482

Dresing, T. & Pehl, T. (2012). *Praxisbuch Interview & Transkription. Regelsysteme und Anleitungen für qualitative ForscherInnen*. 4. Aufl. Marburg: Eigenverlag.

Duda-Merle, R. (2016). *Trans*-faire Sexualpädagogik unter Einbeziehung von Körper- und Leiblichkeit*. Frankfurt am Main: Peter Lang. https://doi.org/10.3726/978-3-653-07164-1

Edelman, E. A. (2015). The cum shot: trans men and visual economies of ejaculation. *Porn Studies, 2*(2–3), 150–160. https://doi.org/10.1080/23268743.2015.1056632

Edelman, E. A. & Zimman, L. (2014). Boycunts and bonus holes: trans men's bodies, neoliberalism, and the sexual productivity of genitals. *Journal of homosexuality, 61*(5), 673–690. https://doi.org/10.1080/00918369.2014.870438

Erickson-Schroth, L. (Hrsg.). (2014). *Trans bodies, trans selves: A resource for the transgender community*. Oxford: Oxford University Press.

Focks, P., Nachtigall, A., Egener, K., Kempe, J. & Rewald, S. (2017). Wissenschaftliche Begleitforschung zum Pilotprojekt »Inter* und Trans* Beratung QUEER LEBEN«. In Schwulenberatung Berlin (Hrsg.), *»Ich fühlte mich verstanden und das ist alles, was zählt«* (S. 6–64). Berlin: Eigenverlag.

Fritz, V. (2013). Infrage gestellt: Dekonstruktive Aspekte psychosozialer Beratung und Therapie von Menschen mit einer Trans*identitätsthematik. *Gestalttherapie, 27*(1), 135–147.

Geldermann, M., Hamm, J., Hoenes, J., Mittelstädt, M.-S. & Wörmann, S. (2017). *Trans*-Sexualität: Informationen zu Körper, Sexualität und Beziehung für junge trans* Menschen*. 1. Aufl. Bremen: Eigenverlag.

Gendered Intelligence. (2011). Trans Youth Sexual Health Booklet. http://cdn0.genderedintelligence.co.uk/2012/11/17/17-14-04-GI-sexual-health-booklet.pdf (11.02.2020).

Girtler, R. (2009). *Methoden der Feldforschung*. 1. Aufl. Stuttgart: UTB GmbH.

Günther, M. (2015). Psychotherapeutische und beratende Arbeit mit Trans*Menschen: Erfahrung, Haltung, Hoffnung. *Verhaltenstherapie & psychosoziale Praxis, 47*(1), 113–124.

Günther, M., Teren, K. & Wolf, G. (2019). *Psychotherapeutische Arbeit mit trans* Personen: Handbuch für die Gesundheitsversorgung*. München: Reinhardt-Verlag.

Hamm, J. A. & Sauer, A. (2014). Perspektivenwechsel: Vorschläge für eine menschenrechts- und bedürfnisorientierte Trans*-Gesundheitsversorgung. *Zeitschrift für Sexualforschung, 27*(01), 4–30. https://doi.org/10.1055/s-0034-1366140

Hamm, J. A. & Stern, K. (2019). Einblicke in die Trans*-Beratung: Praxis, Haltung, Reflexion. In A. Nass, S. Rentzsch, J. Rödenbeck, M. Deinbeck & M. Hartmann (Hrsg.), *Empowerment und Selbstwirksamkeit von trans* und intergeschlechtlichen Menschen: Geschlechtliche Vielfalt (er)leben. Band II*. Gießen: Psychosozial-Verlag.

Happich, F. J. (2006). *Postoperative Ergebnisse bei Transsexualität unter besonderer Berücksichtigung der Zufriedenheit: eine Nachuntersuchung* [Dissertation]. Universität Duisburg-Essen. https://duepublico.uni-duisburg-essen.de/servlets/DerivateServlet/Derivate-17896/diss2007_Happich.pdf (11.02.2020).

Helfferich, C. (2011). *Die Qualität qualitativer Daten: Manual für die Durchführung qualitativer Interviews*. 4. Aufl. Wiesbaden: VS Verlag für Sozialwissenschaften.

Hill-Meyer, T. (2011). Self-Reflection. In T. Taormino (Hrsg.), *Take me there: Trans and genderqueer erotica*. 1. Aufl. (S. 214–224). Berkeley: Cleis Press.

Hill-Meyer, T. & Scarborough, D. (2014). Sexuality. In L. Erickson-Schroth (Hrsg.), *Trans bodies, trans selves: A resource for the transgender community* (S. 355–389). Oxford: Oxford University Press.

Hoenes, J. (2014). *Nicht Frosch – nicht Laborratte: Transmännlichkeiten im Bild*. Bielefeld: transcript Verlag.

Holstein, J. A. & Gubrium, J. F. (1995). *The active interview*. Sage University Paper: Bd. 37. Thousand Oaks: SAGE Publications.

Kaufmann, J.-C. (1999). *Das verstehende Interview*. Konstanz: UVK.

Kruber, A. (2016). Trans* und sexuell?!: Transidentität, sexuelle Zufriedenheit und Sexualberatung. In M. Katzer & H.-J. Voß (Hrsg.), *Geschlechtliche, sexuelle* *und reproduktive Selbstbestimmung: Praxisorientierte Zugänge* (S. 41–83). Gießen: Psychosozial-Verlag.

Kuckartz, U. (2018). *Qualitative Inhaltsanalyse. Methoden, Praxis, Computerunterstützung*. 4. Aufl. Weinheim: Beltz Juventa.

Kuper, L. E., Nussbaum, R. & Mustanski, B. (2012). Exploring the diversity of gender and sexual orientation identities in an online sample of transgender individuals. *Journal of sex research, 49*(2–3), 244–254. https://doi.org/10.1080/00224499.2011.596954

Langer, P.C. (2014). Zum Umgang mit Intimität im Forschungsprozess: forschungsethische Implikationen des Sprechens über Sexualität in Peer Research. In H. v. Unger, P. Narimani & R. M'Bayo (Hrsg.), *Forschungsethik in der qualitativen Forschung: Reflexivität, Perspektiven, Positionen* (S. 169–190). Wiesbaden: Springer VS.

Lawrence, A. A. (2005). Sexuality before and after male-to-female sex reassignment surgery. *Archives of sexual behavior, 34*(2), 147–166. https://doi.org/10.1007/s10508-005-1793-y

Lawrence, A. A., Latty, E. M., Chivers, M. L. & Bailey, J. M. (2005). Measurement of sexual arousal in postoperative male-to-female transsexuals using vaginal photoplethysmography. *Archives of sexual behavior, 34*(2), 135–145. https://doi.org/10.1007/s10508-005-1792-z

Lief, H. I. & Hubschman, L. (1993). Orgasm in the postoperative transsexual. *Archives of sexual behavior, 22*(2), 145–155. https://doi.org/10.1007/BF01542363

Löwenberg, H., Lax, H., Rossi Neto, R. & Krege, S. (2010). Komplikationen, subjektive Zufriedenheit und sexuelles Erleben nach geschlechtsangleichender Operation bei Mann-zu-Frau-Transsexualität. *Zeitschrift für Sexualforschung, 23*(04), 328–347. https://doi.org/10.1055/s-0030-1262718

Mac, A. (Hrsg.). (2009). *Original Plumbing: Trans Male Quarterly, 1. The Bedroom Issue*.

Mac, A. (Hrsg.). (2010). *Original Plumbing: Trans Male Quarterly, 3. The Health and Safer Sex Issue*.

Meyer, E. (2015). Trans*affirmative Beratung. *Psychosozial, 38*(2), 71–86.

Moser, C. (2010). Blanchard's Autogynephilia Theory: a critique. *Journal of homosexuality, 57*(6), 790–809. https://doi.org/10.1080/00918369.2010.486241

Nikkelen, S. W. C. & Kreukels, B. P. C. (2018). Sexual Experiences in Transgender People: The Role of Desire for Gender-Confirming Interventions, Psychological Well-Being, and Body Satisfaction. *Journal of Sex & Marital Therapy, 44*(4), 370–381. https://doi.org/10.1080/0092623X.2017.1405303

Pfeffer, C. A. (2014). Making space for trans sexualities. *Journal of homosexuality, 61*(5), 597–604. https://doi.org/10.1080/00918369.2014.903108

Platt, L.F. & Bolland, K.S. (2017). Trans* Partner Relationships: A Qualitative Exploration. *Journal of GLBT Family Studies, 13*(2), 163–185. https://doi.org/10.1080/1550428X.2016.1195713

Pro familia. (2016). Psychosoziale Beratung von inter* und trans* Personen und ihren Angehörigen: Ein Leitfaden. Frankfurt am Main. https://www.profamilia.de/fileadmin/publikationen/Fachpublikationen/Inter_Trans_Beratung_Leitfaden.pdf (11.02.2020).

Risser, J.M.H., Shelton, A., McCurdy, S., Atkinson, J., Padgett, P., Useche, B., Thomas, B. & Williams, M. (2005). Sex, Drugs, Violence, and HIV Status Among Male-to-Female Transgender Persons in Houston, Texas. *International Journal of Transgenderism, 8*(2–3), 67–74. https://doi.org/10.1300/J485v08n02_07

Sauer, A.T. (2015). Einleitung und Methodologie. In BMFSFJ (Hrsg.), *Gutachten: Begrifflichkeiten, Definitionen und disziplinäre Zugänge zu Trans- und Intergeschlechtlichkeiten: Begleitmaterial zur Interministeriellen Arbeitsgruppe Inter- & Transsexualität – Band 1* (S. 8–12). Berlin: Eigenverlag.

Sauer, A.T., Zodehougan, S., Kohnke, G., Klatte, L., Zepp, K.A., Fritz, V. & Plett, K. (2016). Intersektionale Beratung von/zu Trans* und Inter: Ein Ratgeber zu Transgeschlechtlichkeit, Intergeschlechtlichkeit und Mehrfachdiskriminierung. Berlin: Eigenverlag. http://transintersektionalitaet.org/wp-content/uploads/2017/01/web_tis_brosch_aufl_3_161229.pdf (11.02.2020).

Schilt, K. & Windsor, E. (2014). The sexual habitus of transgender men: negotiating sexuality through gender. *Journal of homosexuality, 61*(5), 732–748. https://doi.org/10.1080/00918369.2014.870444

Schirmer, U. (2017). Trans*Beratung im systemischen Kontext. *Kontext, 48*(2), 124–139. https://doi.org/10.13109/kont.2017.48.2.124

Schmidt, G. (2011). *Das neue Der Die Das: Über die Modernisierung des Sexuellen.* 3. Aufl. Gießen: Psychosozial-Verlag.

Serano, J.M. (2010). The Case Against Autogynephilia. *International Journal of Transgenderism, 12*(3), 176–187. https://doi.org/10.1080/15532739.2010.514223

Sigusch, V. (2013). *Sexualitäten: Eine kritische Theorie in 99 Fragmenten.* 1. Aufl. Frankfurt am Main: Campus Verlag.

Simon, W. & Gagnon, J.H. (1986). Sexual scripts: Permanence and change. *Archives of sexual behavior, 15*(2), 97–120. https://doi.org/10.1007/BF01542219

Steinbock, E. (2014). On the affective force of »nasty love«. *Journal of homosexuality, 61*(5), 749–765. https://doi.org/10.1080/00918369.2014.870446

Steinbock, E. (2017). Representing trans sexualities. In C. Smith (Hrsg.), *The Routledge Companion to Media, Sex and Sexuality* (S. 27–37). Abingdon: Routledge.

Stübler, M. L. & Becker-Hebly, I. (2019). Sexuelle Erfahrungen und sexuelle Orientierung von Transgender-Jugendlichen. *Zeitschrift für Sexualforschung, 32*(01), 5–16. https://doi.org/10.1055/a-0838-8965

Taormino, T. (Hrsg.). (2011). *Take me there: Trans and genderqueer erotica*. 1. Aufl. Berkeley: Cleis Press.

Theron, L. & Collier, K. L. (2013). Experiences of female partners of masculine-identifying trans persons. *Culture, health & sexuality, 15 Suppl*, 62–75. https://doi.org/10.1080/13691058.2013.788214

Tompkins, A. B. (2014). »There's no chasing involved«: cis/trans relationships, »tranny chasers,« and the future of a sex-positive trans politics. *Journal of homosexuality, 61*(5), 766–780. https://doi.org/10.1080/00918369.2014.870448

Tree-McGrath, C. A. F., Puckett, J. A., Reisner, S. L. & Pantalone, D. W. (2018). Sexuality and gender affirmation in transgender men who have sex with cisgender men. *International Journal of Transgenderism, 47*, 1–12. https://doi.org/10.1080/15532739.2018.1463584

Unger, H. v. (2014). *Partizipative Forschung: Einführung in die Forschungspraxis. Lehrbuch*. Springer VS.

Unger, H. v., Narimani, P. & M'Bayo, R. (Hrsg.). (2014). *Forschungsethik in der qualitativen Forschung: Reflexivität, Perspektiven, Positionen*. Wiesbaden: Springer VS. https://doi.org/10.1007/978-3-658-04289-9

Veale, J., Watson, R. J., Adjei, J. & Saewyc, E. (2016). Prevalence of Pregnancy Involvement Among Canadian Transgender Youth and its Relation to Mental Health, Sexual Health, and Gender Identity. *International Journal of Transgenderism, 17*(3–4), 107–113. https://doi.org/10.1080/15532739.2016.1216345

Wierckx, K., Elaut, E., van Caenegem, E., van de Peer, F., Dedecker, D., van Houdenhove, E. & T'Sjoen, G. (2011). Sexual desire in female-to-male transsexual persons: exploration of the role of testosterone administration. *European journal of endocrinology, 165*(2), 331–337. https://doi.org/10.1530/EJE-11-0250

Wierckx, K., Elaut, E., van Hoorde, B., Heylens, G., Cuypere, G. de, Monstrey, S., Weyers, S., Hoebeke, P. & T'Sjoen, G. (2014). Sexual desire in trans persons: associations with sex reassignment treatment. *The journal of sexual medicine, 11*(1), 107–118. https://doi.org/10.1111/jsm.12365

Williams, C. J., Weinberg, M. S. & Rosenberger, J. G. (2016). Trans Women Doing Sex in San Francisco. *Archives of sexual behavior, 45*(7), 1665–1678. https://doi.org/10.1007/s10508-016-0730-6

Wright, M. T., Unger, H. von & Block, M. (2010). Partizipation der Zielgruppe in der Gesundheitsförderung und Prävention. In M. T. Wright (Hrsg.), *Partizipative Qualitätsentwicklung in der Gesundheitsförderung und Prävention*. 1. Aufl. (S. 35–52). Bern: Verlag Hans Huber.

Kim Ritter

Jenseits der Monosexualität

Selbstetikettierung und Anerkennungskonflikte bisexueller Menschen

2020 · 442 Seiten · Broschur

ISBN 978-3-8379-2945-4

Bisexuelle Menschen wachsen in einer Welt der Monosexualität auf. Die Folge ist, dass ihre Umwelt ihnen häufig mit Vorurteilen, Ausgrenzung und Abwertung begegnet. Anhand ausgewählter Biografien bisexueller Menschen veranschaulicht Kim Ritter die Herausforderungen und Konflikte, denen Bisexuelle im Ringen um Anerkennung ausgesetzt sind, und wie sie diese täglich meistern. Sie zeigt, dass die Voraussetzung für das Ausleben einer konfliktarmen Bisexualität die Entwicklung eines selbstbestimmten, positiven und lustvollen Zugangs zur eigenen Sexualität in der Adoleszenz ist. Ritter erweitert den aktuellen wissenschaftlichen Diskurs über die Diskriminierungserfahrungen bisexueller Menschen, indem sie den Fokus auf das alltägliche Erleben und Handeln lenkt, die Komplexität menschlicher Sexualität berücksichtigt und die Entwicklung der Interviewten würdigt.